LE BOUDDHISME

DANS LE MONDE

ORIGINE — DOGMES — HISTOIRE

par

L. DE MILLOUÉ

M. PAUL REGNAUD

PARIS

LE

BOUDDHISME

DANS LE MONDE

LE
BOUDDHISME
DANS LE MONDE

ORIGINE — DOGMES — HISTOIRE

PAR

L. DE MILLOUÉ

CONSERVATEUR DU MUSÉE GUIMET

AVEC UNE PRÉFACE

PAR

M. Paul REGNAUD

PROFESSEUR DE SANSCRIT A LA FACULTÉ DES LETTRES DE LYON

PARIS
ERNEST LEROUX, ÉDITEUR
28, RUE BONAPARTE, 28

1893

PRÉFACE

Depuis quinze ou vingt ans, l'étude de l'histoire des religions a pris en France un développement considérable. La fondation d'une chaire sous ce titre au Collège de France (1880), l'installation du Musée Guimet à Lyon (1879) et son transfert à Paris (1887), suivi de l'établissement à l'École pratique des Hautes-Études d'une section spéciale d'histoire religieuse (1886), sont des faits qui marquent autant de progrès importants, et réalisés dans notre pays à de courts intervalles, sur une voie trop négligée auparavant. Aussi bien, la religion sous toutes ses formes peut être considérée comme l'un des principaux facteurs de la civilisation universelle, et la connaissance des origines, des développements et des transformations d'un élément si considérable de la vie de l'humanité méritait entre toutes de prendre la place qu'elle a fini par acquérir chez nous dans le faisceau des sciences morales et sociales que nos grands établissements d'enseignement public sont destinés à accroître et à vulgariser.

Mais le domaine est si vaste qu'un des premiers effets de l'admission, en quelque sorte officielle, de l'histoire des religions au rang dont elle est digne, a été de nécessiter le relevé géographique pour ainsi dire de chacune de ses provinces, la reconnaissance de leurs frontières réciproques et la répartition entre les travailleurs appelés à cultiver ce vaste domaine des différentes régions qui le composent.

Parmi les subdivisions naturelles d'une contrée si étendue, le bouddhisme occupe le premier rang si l'on tient compte du nombre de ses sectateurs; et cette circonstance, jointe à la compétence exceptionnelle que lui ont acquise ses longues études spéciales, ses travaux déjà nombreux sur les religions de l'Inde et surtout ses fonctions au Musée Guimet dont il est le conservateur depuis la fondation, suffirait à montrer les raisons qui ont pu déterminer M. de Milloué dans le choix du sujet du présent volume. D'autres motifs, sur lesquels je demanderai au lecteur la permission de m'étendre, se sont ajoutés à ceux dont il vient d'être question.

L'auteur a pris soin de nous indiquer lui-même quel intérêt particulier le bouddhisme revêt pour nous à la faveur des analogies si nombreuses et si frappantes qu'il présente avec la religion chrétienne, au double point de vue de la morale et de la discipline. Je n'ai pas à revenir sur les indications curieuses qu'il nous donne à cet égard; mais il m'a laissé le soin de signaler, à mon tour, l'intéressant parallèle auquel prêtent, d'une part, la manière dont le bouddhisme s'est séparé du brâhmanisme, et, de l'autre, les circonstances qui ont marqué la rupture du christianisme avec la liturgie héréditaire et officielle du peuple juif.

En ce qui concerne l'Inde, et si l'on considère l'inutilité du sacrifice védique, soit au point de vue de la métempsychose, soit, et à plus forte raison encore, eu égard à la délivrance finale devenue le but suprême du brâhmanisme védântique, on peut regarder les réformateurs bouddhistes comme des logiciens rigoureux et pratiques qui ont retranché sans hésitation des cérémonies traditionnelles celles qui ne tenaient plus leur raison d'être que de la tradition même. Le sacrifice n'étant nécessaire ni pour progresser sur la voie de la transmigration, ni pour atteindre le *nirvâna,* qui était leur façon d'entendre la délivrance, ils ont abandonné le sacrifice comme une pratique superflue. Cette première infraction aux observances brâhmaniques était de nature d'ailleurs à entraîner toutes les autres. A quoi bon, en effet, la caste sacerdotale, dont la raison d'être réside dans son aptitude spéciale à célébrer le sacrifice, une fois le sacrifice aboli? Et, si la caste sacerdotale disparaît avec les privilèges qui lui sont propres, qu'est ce qui s'opposera à l'universalité du dogme dégagé désormais des cérémonies qui l'attachaient à la caste ayant seule qualité pour les célébrer? C'est ainsi que le brâhmanisme réformé par les bouddhistes, non seulement a pu descendre aux castes inférieures

qu'excluait jusqu'alors de la communion religieuse l'interdiction portée sur elles de lire le
Véda (en vue du sacrifice) et de pratiquer ou de
faire pratiquer les rites traditionnels, mais qu'il
lui a été loisible de franchir les frontières de
l'Inde et de s'étendre chez les peuples voisins grâce
à la faculté dont il jouissait de s'y exercer sans
prêtres investis de fonctions héréditaires et de
prérogatives pieuses consacrées par la loi brâhmanique. Par là s'explique aussi le fait que les
brâhmanes restés les plus forts dans l'Inde en
aient éloigné les bouddhistes, et que ceux-ci aient
prospéré au dehors.

C'est dans des conditions singulièrement analogues que la religion chrétienne est issue et s'est
séparée du judaïsme. Jésus, comme Bouddha,
inaugure sa réforme en brisant les vieux cadres
sacerdotaux, en supprimant le sacrifice et en
mettant soit directement, soit par ses disciples, la Bonne-nouvelle à la portée de tous. De
part et d'autre, du reste, les mêmes causes
devaient être suivies des mêmes effets. En terre
juive, le judaïsme resta aux mains de la syna-
gogue, comme sur les bords du Gange, les écoles
brâhmaniques conservèrent le monopole et la
direction de l'ancienne liturgie. Ce n'est que parmi
les Gentils d'Orient et d'Occident que la doctrine
bouddhique et la doctrine chrétienne prirent le
merveilleux essor qui devait leur assurer en quelques siècles de si prodigieuses conquêtes.

Si l'histoire du christianisme, pour tant de raisons qu'il serait bien superflu de rappeler, nous est d'un suprême intérêt, comment, à la vue de symétries si curieuses entre son développement et celui du bouddhisme, ne serions-nous pas attirés vers l'étude de ce dernier, ne serait-ce que par le vague espoir que ce qui reste de mystérieux dans les deux croyances est susceptible d'une explication commune?

Mais il n'a été question jusqu'ici que des causes permanentes et générales en quelque sorte de l'attrait que le bouddhisme peut exercer sur notre curiosité. Il en est d'autres qui, pour avoir un caractère actuel et d'occasion, n'en sont pas moins de nature à nous intéresser à tout ce qui nous renseigne avec exactitude sur l'esprit qui l'anime, les dogmes dont il est l'expression, les pratiques qu'il comporte et le but vers lequel il tend. Je veux parler surtout du singulier état intellectuel qui se manifeste depuis quelques années dans certains milieux parisiens et dont le caractère principal est une religiosité inquiète et vague à la recherche de croyances exotiques ou archaïques parmi lesquelles le bouddhisme n'a pas été oublié. Le dilettantisme contemporain paraît avoir trouvé là un nouvel aliment. Ce n'est pas chose vulgaire d'ailleurs qu'un voyage au long cours à la découverte de la meilleure des religions pour ceux qui n'en ont plus. Devrait-on revenir aussi dénué qu'on est parti, que la singularité de l'entreprise est faite pour lui donner de la saveur et en valoir les frais. Dans tous les cas, qu'il me soit permis de dire en tête d'un ouvrage consacré au bouddhisme, ce qu'on est en droit d'en penser comme moyen de régénération intellectuelle et morale à l'usage des désœuvrés de l'Occident.

Le néo-bouddhisme qu'on nous propose est, au moins par ses antécédents, plus encore peut-être que toute autre conception religieuse originale ou empruntée, spontanée ou factice, l'opposé de la science, — de ses méthodes, de son avenir, de ses promesses, de l'activité qu'elle nécessite et justifie, du but qu'elle offre à l'humanité et des sévères disciplines qu'elle lui impose. On a beau épiloguer sur la véritable signification du *nirvâna* et les différentes façons dont l'entendent les sectes, l'essence du bouddhisme est pessimiste et Schopenhauer ne s'y est pas trompé en y puisant les inspirations de sa philosophie. Tout est vide, rien ne sert d'agir : tels sont les principes de cette religion qui repose d'une manière générale sur l'idée du néant intime des choses, et dont l'objet suprême est très logiquement l'extinction définitive de l'effort par l'extinction même de cette apparence de réalité que nous appelons l'être. Voilà l'idéal du bouddhisme, idéal mystique d'ailleurs et dont la foi est la seule garantie.

Si, (est-il besoin de le dire) au contraire, et comme il est difficile de ne pas en convenir, le grand objet de l'humanité est la lutte contre le mal sous toutes ses formes, le seul instrument efficace dont nous disposons à cet effet est la science. Comme tout mysticisme, les doctrines bouddhiques ne sauraient que nous leurrer de fausses promesses, dont l'erreur, une fois reconnue, laisserait dans les âmes qui y auraient espéré de ces mortels découragements auxquels tant de cœurs faibles sont exposés de nos jours pour des causes analogues. Le remède à ce mal si dangereux, mais où tant se complaisent, car il n'est pas sans de secrètes douceurs, ne saurait consister dans un retour aux sources toxiques qui lui ont donné naissance. Il ne s'agit pas de rajeunir l'illusion ni de la faire durer. Loin de là, le salut est dans le désir viril d'en finir avec elle, dans la volonté de voir les choses comme elles sont, dans l'énergie nécessaire pour regarder la réalité en face et dans la résolution d'agir en conséquence. Aux molles pensées, aux vagues rêveries, aux langueurs efféminées, aux lassitudes précoces, aux inquiétudes mystiques et métaphysiques d'une partie de la jeunesse actuelle, ne proposons pas, si nous l'aimons réellement, je ne sais quel refuge sous des abris dont elle essaierait vainement, çà et là, la décevante protection. Ni les prophètes d'Israël, ni les ascètes bouddhiques n'ont rien de salutaire et d'efficace à nous offrir, — rien qui convienne à notre temps, à notre tempérament, à notre souci de la vraie vérité.

S'il fallait à toute force chercher dans le passé nos guides et nos modèles, c'est aux Stoïciens, puisqu'Aristote est resté sans postérité intellectuelle, qu'il conviendrait de s'adresser. Plus près de nous, nos patrons seraient à choisir parmi les esprits lucides et fermes, capables d'envisager sans terreur le secret de l'univers, tels que furent, au siècle dernier et au nôtre, un Cabanis, un Volney ou un Littré.

Mais c'est plutôt encore aux méthodes qu'aux hommes qu'il importe d'avoir recours pour qui ambitionne de ceindre en face de la destinée le triple airain dont parle le poète. Il est quelque chose ici-bas qui ne trompe pas, qui ne recule pas, qui ne fait pas faillite (quoi qu'on en ait dit), qui permet de tout attendre et de tout braver à qui sait s'en servir, et qui est la seule panacée de la grande névrose ; c'est la raison appuyée sur la science. Il est bon, ce semble, de le redire quand tant de gens paraissent l'oublier, et d'opposer ce traitement à celui qui consiste à se laisser prendre aux vaines amorces de croyances surannées, propres seulement à égarer l'esprit et à débiliter le cœur.

En ce qui concerne le bouddhisme, s'il n'y a pas duperie à prendre au sérieux les tentatives en sa faveur faites en plein Paris fin de siècle, rien ne saurait mieux contribuer à montrer combien il est impuissant à panser nos blessures morales que d'en présenter l'histoire. Le livre de

M. de Milloué ne serait-il utile qu'à ce point de
vue qu'il mériterait d'être le bien venu pour tous
ceux qui non seulement redoutent d'une manière
générale les effets du charlatanisme appliqué
aux choses de la conscience, mais qui s'inté-
ressent aussi à l'avenir moral de l'humanité et
croient à la nécessité pour elle de se retremper
sans cesse aux eaux vivifiantes de la science,
au lieu de s'amollir et de s'engourdir à la sopori-
fique vapeur des narcotiques orientaux.

Lyon, 5 mai 1892.

Paul REGNAUD.

CHAPITRE PREMIER

LE BOUDDHISME

Importance et actualité de l'étude du Bouddhisme. — Le Bouddhisme comparé au Christianisme. — Danger des rapprochements prématurés. — Antiquité du Bouddhisme. — Son origine et son originalité. — Le Bouddhisme primitif est une réforme exclusivement philosophique.

Importance et actualité de l'étude du Bouddhisme.

Il y a quelques années, quarante à peine, à part un petit nombre de savants spécialistes, il eut été difficile de trouver, même parmi les gens instruits, quelqu'un qui sût à peu près ce que c'était que le Bouddhisme, et, encore moins, qui songeât à s'en occuper. Et voici que, soudain, il prend une importance énorme, il suscite une curiosité ardente; chacun est avide de connaître par le détail ses idées et ses dogmes, prétend pénétrer et comprendre les points les plus obscurs de sa philosophie qu'hier encore on eût dédaignée. On se passionne pour et contre lui; et cette religion, vieille de deux mille cinq cents ans, dont l'action s'exerce à nos antipodes, devient un sujet d'actualité non seulement chez nous, qui avons toujours passé pour avoir l'engouement facile, mais aussi parmi tous les peuples nos voisins.

A notre époque, avec les idées et les préjugés dont nous sommes imbus depuis des siècles, cet intérêt si subit et si prodigieux en faveur du Bouddhisme peut paraître surprenant à bien des gens ; il en est même pour qui c'est un sujet de sérieuse inquiétude, comme le prélude de quelque crise menaçante pour la société actuelle. Les raisons naturelles ne manquent cependant pas pour l'expliquer.

Parmi les causes probables de ce phénomène, on peut placer en première ligne les immenses progrès accomplis récemment dans le domaine des sciences historique, philosophique et linguistique, et surtout la création de la science de l'histoire comparée des religions. Par elle des horizons nouveaux ont été ouverts. Jadis on nous présentait les vieilles croyances du passé ou celles des peuples étrangers à notre race, dédaigneusement qualifiées de *païennes,* comme des tissus d'erreurs monstrueuses et de faussetés, de fantaisies enfantines et de fictions poétiques, mais immorales, bonnes, tout au plus, à servir de thèmes aux divagations des poètes et à fournir des sujets de lieu commun aux artistes à court d'imagination, et ne pouvant, en tout cas, nous inspirer que pitié, sinon mépris, pour les malheureux soumis à leurs lois. Aujourd'hui la mythologie comparée nous fait voir dans ces reliques des temps passés, les monuments précieux des diverses phases de l'évolution de l'humanité, les témoins vénérables et irrécusables des efforts de l'esprit humain dans sa marche lente, mais sûre, vers la civilisation. Dans leur poésie naïve et sous leur prétendue immoralité, elle nous

montre les mythes naturalistes et les rites primitifs de peuples enfants construisant leur mythologie
(d'une façon que nous pouvons avoir peine à comprendre aujourd'hui, mais en réalité appropriée
à leurs mœurs et à la somme de leurs connaissances) pour expliquer les phénomènes de la nature
considérés par eux comme des actes divins en tout
semblables aux actes humains. Elle nous révèle la
philosophie qui peu à peu se développe dans l'exposition de ces mythes et les rattache, par une chaine
ininterrompue, aux conceptions plus élevées des
peuples civilisés.

Or, parmi toutes les religions passées et actuelles,
celle qui a le plus d'affinité avec nos sentiments,
qui possède la morale la plus pure et les idées les
plus élevées, c'est incontestablement le Bouddhisme. Si l'on ajoute à cela sa tolérance éclectique et
son caractère d'universalisme absolument étonnants
pour l'époque où il a été fondé [1], on comprendra
l'intérêt sympathique qu'il excite, au moins au point
de vue scientifique et philosophique.

Une autre cause, et celle-là toute pratique, c'est
l'extension toujours grandissante des relations de
l'Europe avec l'Asie. Pour vivre en bons termes
avec les populations asiatiques, pour établir sur
elles son influence, l'Européen a besoin de bien
connaître leurs mœurs, leurs usages, leurs reli-

---

1. Le Bouddhisme a été fondé au VIe ou au Ve siècle avant
notre ère, si l'on s'en rapporte aux traditions singhalaises, et
au commencement du IVe d'après les opinions des savants européens les plus prudents. Les Chinois et les Japonais reculent
la date de son apparition jusqu'au Xe siècle avant J.-C., date
qui est, du reste, absolument fantaisiste.

gions, même, et peut-être surtout, leurs superstitions, et le Bouddhisme domine dans toute l'Asie
orientale [1], dans une grande partie de la Sibérie
et s'étend jusqu'en Europe chez les peuplades kal-
moukes et kirghises de la Russie. Pour nous, particulièrement, il a une importance toute spéciale comme religion exclusive de nos possessions
d'Indo-Chine.

[1]. On estime généralement à 450 millions le nombre des Bouddhistes existant en Asie. Néanmoins cette statistique est dis-
cutable et discutée ; des auteurs sérieux ramènent ce chiffre à
300 millions. Il est facile de comprendre, du reste, ce qu'une
pareille évaluation peut avoir d'hypothétique, étant donné le
peu de renseignements certains que nous possédons sur cette
vaste contrée. En ce qui concerne la Chine, notamment, J. Ed-
kins *(Religion in China)* et E. Eitel *(Buddhism its theoretical,
historical, and popular aspect)*, affirment que la grande majorité des Chinois professent à la fois le *Confucianisme*, le *Taôisme*, et le *Bouddhisme*, sans qu'il soit possible d'établir une statistique spéciale pour chacune de ces religions. C'est aussi
l'opinion de Groot *(Les fêtes annuelles des Chinois d'Emoui)*.
Au contraire, Sir Monier Williams *(Buddhism* 2e édition. p. XVI)
accepte l'hypothèse de la possibilité d'une statistique religieuse en Chine et réduit le nombre des Bouddhistes de ce
pays à 20 millions, ce qui les mettrait en état d'infériorité en
face des musulmans évalués à 50 millions et sur un pied d'égalité avec les Juifs ; ce qui est, à première vue, inadmissible.
Il est bien difficile de contrôler ces diverses opinions, mais nous
avons pu nous assurer que les allégations de ce dernier auteur
relativement à une prétendue déchéance du Bouddhisme au
Japon sont loin d'être exactes. Dans ce pays les deux tiers
de la population sont bouddhistes, et un tiers seulement pro-
fesse la religion nationale, le *Shin-tô*, bien qu'un décret impé-
rial de 1878 ait supprimé un certain nombre de sectes et prononcé la fermeture de plusieurs temples bouddhiques. Quant
à la propagande chrétienne, elle paraît aussi insignifiante en
Chine et au Japon que dans l'Inde.

Le Bouddhisme comparé au Christianisme.

Mais la raison principale de l'intérêt qu'excite le Bouddhisme se trouve, croyons-nous, dans les similitudes que l'on a relevées entre lui et le Christianisme, sous le rapport de la morale, de la légende, des institutions, de certaines pratiques du culte, de la transmission des dogmes et même de certains points de ces dogmes. On y voit, notamment, le monachisme avec les vœux de célibat, de chasteté, de pauvreté et une hiérarchie ecclésiastique complète, du noviciat à l'épiscopat, — le jeûne, l'abstinence, la mendicité, — la prédication de propagande, — les offices du matin et du soir, — les processions imposantes, la pompe du culte, la richesse de décoration des temples, — l'usage de l'eau bénite, les exorcismes, — la bénédiction des fidèles par l'officiant, — la confession au prêtre ou publique, l'excommunication, — les prières aux funérailles et les cérémonies commémoratives en l'honneur des morts et pour l'adoucissement du sort des âmes condamnées à l'enfer.

La naissance miraculeuse du Bouddha, sa présentation au temple, sa science universelle objet d'admiration pour les maîtres qu'on lui donne, sa tentation par le génie du mal, sa prédication, ses miracles, éveillent de nombreux rapprochements avec la tradition chrétienne, de même que sa recommandation dernière à ses disciples d'avoir à répandre par le monde entier la *Bonne Loi* qu'il leur avait apportée, et, par dessus tout, ses principes de charité et d'amour du prochain que nous avons cru longtemps être l'héritage exclusif de notre religion.

Puis, après sa mort, viennent les trois grands conciles où s'élaborent et se fixent les Écritures, et enfin l'organisation de missions propagandistes qui portent la foi nouvelle dans les contrées les plus éloignées.

Là dessus, apologistes et adversaires sont partis en guerre avec une ardeur sans égale, mais, il faut bien le reconnaître, pas toujours heureuse ; car, emportés par la passion, les deux partis ont souvent, sans s'en douter peut-être, forcé les textes, entassé pour les besoins de leurs causes exagérations sur erreurs au point de dénaturer complètement le sujet ; les uns voulant trouver partout et en tout l'influence bouddhique — qui peut, en effet, avoir existé dans une certaine mesure [1] — les autres ne voyant dans le Bouddhisme qu'une corruption ou une contrefaçon du Christianisme, ou bien attribuant à des infiltrations judaïques ses conceptions les plus relevées.

Danger des rapprochements prématurés.

D'une façon générale, on ne saurait trop se tenir en garde contre le danger des rapprochements prématurés en matière de mythologie comparée, si séduisants et même si concluants qu'ils puissent souvent paraître. Nous en trouvons à chaque pas la preuve.

Qui n'a constaté, par exemple, l'étonnante similitude de certaines traditions primitives du Mexi-

1. Sylvain Lévi, *Le Bouddhisme et les Grecs, Revue de l'hist. des Rel.*, 1891, XXIII, p. 36.

que, de l'Amérique centrale, du Pérou [1], et de celles de l'ancien monde civilisé? Et pourtant, est-il raisonnablement permis de croire que ces peuples les ont empruntées à nos ancêtres? Les magnifiques ruines de ces pays offrent une grande ressemblance d'inspiration, de style et de procédés de construction avec les monuments de l'ancienne Égypte. Serons-nous en droit de conclure que ces édifices ont été imités de l'art égyptien et que, par conséquent, il y a eu d'antiques relations entre l'Égypte et l'Amérique?

Dans une étude très intéressante sur les traditions populaires [2], M. Gaidoz rapporte que, comme les anciens Romains, les Congolais ont coutume, en certaines circonstances, de planter un clou dans un arbre ou un poteau sacré, et que la raison déterminante de cet acte parait être la même chez les deux peuples : fixer ou faire pénétrer la prière dans l'esprit ou l'âme du dieu [3]. De plus, le grand-prêtre de ces mêmes Congolais, exactement comme celui de Diane à Némi, ne peut être remplacé dans ses fonctions que par son meurtrier. — Ce peuple de l'Afrique occidentale est-il donc allé chercher à Rome ses superstitions et ses rites religieux?

1. Il est bien entendu que nous ne parlons pas des traditions, telles que celle de la Tour de Babel et du déluge, qui sont très probablement des souvenirs défigurés des premiers enseignements des conquérants espagnols.

2. *Deux Parallèles : Rome et Congo; Revue de l'hist. des Rel.*, 1883, vii, p. 5.

3. Un arbre de ce genre, hérissé de clous, existe encore (ou du moins existait il y a peu d'années) à Vienne en Autriche sur la place du Graben.

Le même rite se trouve aussi au Japon, au temple de Kouan-on à Kiô-midzou.

Les images religieuses de l'art japonais du xe et du xie siècles présentent une ressemblance frappante de facture, d'expression, d'attitude, voire même dans la disposition des draperies, avec les créations de notre art français du xiiie, les statues du portail de la cathédrale de Chartres notamment. Est-il admissible que nos sculpteurs se soient inspirés des Japonais qui n'ont été connus de l'Europe que trois siècles plus tard ?

L'absurdité de pareilles suppositions dispense de les discuter, personne même ne songerait à les émettre, et ces quelques exemples, que l'on pourrait multiplier à l'infini, suffisent à montrer avec quelle prudence on doit agir quand on rencontre des croyances, des traditions, des rites, des usages et même des monuments identiques chez des peuples étrangers les uns aux autres. Toutes les fois que de pareilles similitudes se présentent — et le fait est fréquent — on doit les tenir pour des coïncidences purement fortuites, ou comme résultant d'un état analogue de civilisation et de sentiment religieux, tant que des données historiques certaines n'ont pas fourni la preuve — à défaut de certitude — de la possibilité et de la probabilité d'une communauté d'origine ou de relations plus ou moins suivies.

Antiquité du Bouddhisme.

C'est pourtant grâce à des rapprochements de cette sorte, établis sans aucun souci de critique rationnelle, que l'on a pu prétendre que la morale et les institutions du Bouddhisme, voire même une partie de ses dogmes provenaient d'une corruption du Christianisme et de traditions judaïques.

En ce qui concerne le Bouddhisme primitif [1], l'hypothèse d'emprunts au christianisme est inadmissible, par cette excellente raison que son existence est historiquement prouvée quatre siècles avant la naissance du Christ, et que son canon était complètement arrêté et peut-être rédigé environ trois cents ans avant qu'il fut question des Évangiles [2].

1. Il y a lieu de distinguer entre le Bouddhisme primitif, tel qu'il se dégage des documents réputés les plus anciens, et les additions faites plusieurs siècles après la mort de son fondateur présumé. En général, on admet la priorité des Écritures, dites Hinâyàna, rédigées en *pâli,* sur les livres Mahàyàna écrits en sanskrit, de même que des *sûtras* courts sur les *sûtras* développés. Toutefois cette distinction est peut-être arbitraire et sujette à caution. Il n'est pas absolument certain que le canon bouddhique ait été rédigé en pàli avant certaines parties du canon sanskrit, bien que le pàli soit à peu de chose près le mâgadhi que parlait le Bouddha, et d'après leur contexte il est probable que quelques ouvrages pàlis ont été traduits du sanskrit seulement dans les premiers siècles de notre ère. La distinction en sùtras courts et sùtras développés ne présente guère plus d'autorité, nombre de sùtras courts paraissant être des résumés de sùtras développés plutôt que leurs thèmes primitifs. Nous croyons qu'il serait plus sûr de considérer comme appartenant aux écoles postérieures les sùtras courts ou développés où le Bouddha a pour auditeurs ou interlocuteurs des dieux et des génies.

2. Suivant la tradition chrétienne les premiers Évangiles auraient été rédigés vingt-cinq ou trente ans après la passion du Christ, c'est-à-dire au moins quatre cents ans après la mort de Buddha. Mais si nous considérons que le premier auteur chrétien qui fasse allusion aux Évangiles (et encore d'une manière très vague), Justin, martyr, écrivait vers l'an 140 et qu'il parait ne pas connaitre les noms des apôtres rédacteurs

En effet, les historiens grecs d'Alexandre le Grand citent comme souverain de l'Inde, à l'époque de sa fameuse expédition, un prince, nommé Sandracotos, identifié d'une façon indiscutable avec Tchandragoupta (Candragupta) usurpateur du royaume de Magadha, qui se rendit maître de tout l'Indoustan vers l'an 315 et sut résister victorieusement en 312 aux armes de Séleucus Nicator. L'historien Mégasthène fut envoyé en qualité d'ambassadeur à sa cour. Or, dans les fragments de ses mémoires, que nous a conservés Strabon, Mégasthène décrit les Bouddhistes, qu'il appelle de leur nom de *Çramaṇas* (Samanaioi) et qu'il distingue parfaitement des Brâhmanes et des Jains ou Gymnosophistes. Nous avons donc là une preuve historique irréfutable de l'existence du Bouddhisme dans l'Inde, dès le IVe siècle avant notre ère.

Ce Tchandragupta [1] et son fils Vindousâra (291-260), quoique Çûdras [2] d'origine, étaient demeurés fidèles au Brâhmanisme tout en favorisant le Bouddhisme dans une certaine mesure. Leur descendant et successeur, Açoka ou Priya-Darçi [3], se convertit au Bouddhisme, en faveur duquel il joua un rôle com-

---

de ces traités, nous trouvons de sérieuses raisons de supposer que les Évangiles n'ont été composés que vers la fin du Ier siècle, ou au commencement du IIe. Autrement on ne comprendrait guère le silence général à leur égard et l'ignorance où était Justin du nom de leurs auteurs.

1. Appelé aussi *Kâlâçoka*.

2. Les *Çûdras*, paysans et artisans, constituent la plus basse des castes, et par conséquent sont traités fort dédaigneusement par le Brâhmanisme.

3. En pâli, *Piyadasi*. On le désigne souvent aussi sous le nom de *Dharmâçoka*.

parable à celui de Constantin envers le Christianisme. Dans ses célèbres édits gravés, à la manière de ceux de Darius, sur des rochers et des pilliers [1], il fait des allusions aux dogmes bouddhiques assez fréquentes et assez claires pour qu'on puisse en conclure avec certitude que, dès cette époque (environ 251), ces dogmes étaient bien connus et arrêtés au moins dans leurs grandes lignes. C'est enfin sous le règne de ce prince (en 244 ou 242) que se réunit à Pàtali-putra (Patna) le troisième concile bouddhique [2], au cours duquel on fixa la rédaction définitive du canon connu sous le nom de *Tri-pitaka « Les trois corbeilles »* [3]. A cette époque aussi commencèrent les missions à l'étranger dues, prétend-on, à son zèle de néophyte pour la propagation de sa croyance. Les annales de l'empire chinois constatent, en effet, l'apparition des missionnaires bouddhistes en Chine vers l'an 225 [4], et les monuments découverts en Bactriane [5], témoi-

1. Les principaux de ces rochers sont ceux de Kapur-da-Garhi et de Girnàr. On en connaît jusqu'à présent une douzaine sur différents points de l'Inde, ainsi que cinq pilliers ou *Lât*, dont les plus célèbres sont ceux de Delhi et d'Allàhàbàd. — Voir à ce sujet : E. Sénart, *Étude sur les inscriptions de Piyadasi*, dans le *Journal asiatique*; — G. Bühler : *Açoka's Felsenedicte*, dans les *Zeitschiften* de la Soc. orient. allemande, t. XLIV, p. 702. — *Text of the Açoka's edicts*, etc., dans l'*Indian Antiquary*, 1890, t. XIX, p. 122.

2. Ce concile a été souvent, et à juste raison, comparé à celui de Nicée.

3. On rangeait dans des corbeilles les feuilles de palmier sur lesquelles on écrivait au moyen d'un style d'acier.

4. E. Eitel: *Buddhism, its historical, theoretical, and popular aspects*, p. 21, Londres, 1873.

5. *Bulletin de l'Acad. de Berlin, 1864.*

gnent de leur présence et de leur action dans l'Asie centrale, à peu près à la même époque.

Il y avait donc un corps de doctrine bouddhique, comprenant les dogmes fondamentaux de cette religion, parfaitement arrêté dès le troisième siècle avant notre ère, et déjà assez fortement établi dans l'Inde pour que ses apôtres pussent songer à la propagande.

Il serait tout aussi difficile de soutenir que le Bouddhisme procède des croyances sémitiques de l'Assyrie et de la Chaldée ou du Judaïsme. La proximité de la Chaldée et le rapprochement de la date de la captivité de Babylone avec celle de l'apparition du Bouddhisme peuvent paraître donner un semblant de possibilité à l'opinion de ceux qui prétendent faire intervenir l'influence sémitique dans tous les événements importants accomplis dans l'ancien monde ; mais il suffit d'étudier avec un peu d'attention les écritures bouddhiques pour se rendre compte à quel point les idées sémitiques sont opposées et antipathiques à celles émises par cette religion. Certes, on peut y trouver des notions de morale générale qui existent chez les Sémites, mais elles appartiennent à ce *fonds commun* de vérités sociales où toutes les nations civilisées ont été puiser, chacune de son côté. Si l'Inde a subi une influence étrangère avant l'apparition du Bouddhisme c'est celle de l'Iran [1], et encore la preuve en serait difficile à faire. Quant au rôle que quelques auteurs voudraient attribuer à la Grèce dans le développe-

---

1. J. Darmesteter : *Points de contact entre le Mahâ-Bhârata et le Shâh-Nâmah, Journal asiatique*, 1887, X, 33.

ment de la philosophie indoue, il est plus que problématique, et, en tout cas, nous n'avons pas à en tenir compte en ce qui regarde le Bouddhisme primitif, bien antérieur à l'expédition d'Alexandre dans l'Inde.

Origine et originalité du Bouddhisme.

On peut affirmer, sans crainte, que dans son ensemble et ses détails le Bouddhisme est absolument indou et pur de toute influence étrangère. Ses idées religieuses et sociales sont celles de l'Inde de son temps. Ses idées philosophiques nous les retrouvons dans les Upanishads [1], dans les traités des écoles Nyâya, Védânta, et Sânkhya ; c'est-à-dire dans l'ancienne philosophie indienne qui s'est greffée huit ou dix siècles avant notre ère sur les Védas. Il ne fait guère que les développer et les pousser jusqu'à leurs conséquences extrêmes. La plupart de ses règles, de ses prescriptions et de ses interdictions, son enfer même, figurent d'une façon presque identique dans les lois de Manou.

Est-ce à dire pour cela que le Bouddhisme manque d'originalité? Il reflète, en effet, les idées de son temps et de son pays, et il serait difficile qu'il en fût autrement; mais ce qu'il y a de neuf et d'original en lui, ce qui mérite toute notre admiration, surtout quand nous songeons à l'époque où il proclamait ces nouveautés, c'est son caractère d'universalisme, si étrange en ce temps de petites

1. Traités de philosophie religieuse destinés à éclairer le sens des Védas et de leurs commentaires, les Brâhmaṇas.

églises fermées et particularistes, exclusives et ennemies les unes des autres ; c'est son affirmation de la nécessité de la charité et de l'amour universel ; c'est son indépendance en face des dogmes absolus par lesquels le monde était mené, indépendance qui devait le mettre à l'abri de ces conflits si dangereux qui éclatent entre la science toujours en progrès et une religion vieillie, mais immuable, et lui permettre de pénétrer sans froissements chez les peuples les plus divers.

Alors que toutes les religions étaient des théocraties absolues qui enseignaient l'action directe et incessante de leurs dieux jaloux et cruels dans toutes les affaires du monde, depuis sa création jusqu'aux moindres détails de son existence, il niait la toute puissance et même l'existence immortelle de ces dieux, et affirmait que le monde composé d'une matière éternelle et impérissable, se formait, se développait et se détruisait par l'action d'une force naturelle indépendante de la volonté divine [1]

Quand toutes les nations ne rêvaient que haine, guerre et conquêtes, il exaltait l'amour du prochain étendu même jusqu'aux créatures les plus infimes.

Quand les peuples étaient divisés en classes, ou en castes, jalouses et oppressives des humbles et des faibles, il proclamait la fraternité et l'égalité de tous les hommes, au moins devant la religion, n'ad-

---

1. Cette idée avait déjà été émise par le philosophe Kapila, fondateur de l'école Sânkhya, mais d'une manière moins précise et moins complète. Kapila admettait l'existence des dieux.

mettant d'autre cause de distinction entre eux que la science et la vertu.

Quand toutes les religions se combattaient sans trêve et lançaient l'anathème sur quiconque suivait une autre loi que la leur et n'adorait pas leurs dieux, il prêchait l'humilité et la tolérance : « Ne pensez pas et ne dites jamais que votre religion est la meilleure. Ne critiquez jamais la religion des autres [1] »; belles paroles que confirme ce passage du douzième édit d'Açoka, évidemment inspiré d'elles : « Le (roi) chéri des dieux honore toutes les formes de la foi religieuse. Chacun doit respecter sa propre croyance et ne pas mépriser celle des autres [2]. »

Ce sont de tels préceptes fidèlement gardés de siècle en siècle, qui permettaient, il y a quelques années à un vieux prêtre japonais de dire : « Le Bouddhisme accepte dans les autres croyances tout ce qui est grand, moral et bien, car le bien est toujours inspiré par le sacré cœur de Bouddha. Nous trouvons souvent chez les autres plus de vérités que nous n'en apportons, mais tout ce qui est bien émane du sacré cœur de Bouddha [3] ».

Le Bouddhisme primitif est une réforme exclusivement philosophique.

Le caractère et l'étendue des réformes prêchées par le Bouddhisme, ou qui sont résultées de sa

---

1. Sir Monier Williams : *Buddhism*, 2ᵉ éd. Londres, 1890, p.126.
- 2. Sir Monier Williams : *Buddhism*, 2ᵉ édition, p. 90.
3. E. Guimet : *Promenades japonaises*, II, p. 273.

prédication, amènent naturellement à se demander si dans l'esprit de son auteur il ne s'agissait pas d'une révolution politique autant, et plus, peut-être, que d'une évolution religieuse.

Il est certain, d'après ce que nous savons de l'état social et politique de l'Inde à l'époque de l'éclosion de ce nouveau système qu'une réforme était aussi nécessaire dans l'ordre social que dans l'ordre religieux, (bien plus urgente si nous envisageons la situation avec nos idées actuelles), et nous en avons la preuve dans le succès même du bouddhisme ; car une révolution religieuse ou sociale n'a chance de réussir et surtout de durer, quel que soit du reste le talent de son promoteur, que si elle répond à des besoins unanimement ressentis ; en un mot : si la réforme est dans l'air.

Gouverné par une théocratie toute puissante, opprimé par le despotisme des castes, le peuple souffrait et, quelque rompu qu'il fût à la soumission, devait espérer, vaguement peut-être, en la venue plus ou moins prochaine d'un de ces libérateurs que rêve l'imagination des esclaves.

La religion, toute entière entre les mains des Brâhmanes, était le fondement de tout l'édifice social.

En sapant la religion, le Bouddhisme a forcément ébranlé les institutions existantes et tendu à les modifier dans le sens démocratique.

Quand les peuples sont accourus en foule à ses prédications, quand les princes se sont convertis à ses doctrines, il est incontestable que les uns comme les autres n'étaient pas mus exclusivement par l'enthousiasme religieux, et qu'ils voyaient là le moyen de se soustraire à l'autorité et aux exigences fiscales des Brâhmanes. En Europe, au XVIe siècle, la Réforme protestante n'a-t-elle pas dû une partie de son succès à des considérations analogues?

Mais il ne semble pas que le Bouddha ait jamais eu l'ambition de modifier la constitution politique de l'Inde. Il prêche l'égalité, la fraternité, l'amour du prochain ; il fait de la charité étendue à tous les êtres vivants la première des vertus ; il enseigne la solidarité de toutes les créatures ; il donne parmi ses disciples une place égale au prince et au dernier des mendiants ; mais jamais il ne prononce un seul mot contre la loi des castes appliquée dans l'ordre civil ; jamais il ne s'élève contre la suprématie des Brâhmanes, l'autorité des rois ou la puissance des Kshatryas. Et, chose curieuse, au début de sa mission ce ne sont pas les petits, les opprimés, les déshérités qui se groupent autour de lui, comme les premiers chrétiens autour des apôtres. Ses premiers disciples, les têtes de sa confrérie, sont des Brâhmanes et des Kshatryas, sans doute parce que, ces deux classes possédant le privilège de l'éducation, leurs membres étaient plus aptes à comprendre son enseignement, à s'enthousiasmer pour ses doctrines. Quand, dans les Sûtras, il est question de quelque conversion éclatante dont il y ait lieu de tirer gloire, c'est toujours de *fils de Brâhmanes* qu'il s'agit ; les conversions populaires ne sont enregistrées que par centaines de mille à la fois.

Le Bouddha ne paraît pas, non plus, avoir voulu fonder de toutes pièces une religion dans le sens précis du mot ; car il n'institue ni sacrifices, ni hymnes, ni prières, ni jeûnes ou observances quel-

conques obligatoires, ni clergé, ni culte. Il ne se
pose pas en dieu, et ne revendique pas une origine
divine. Les seuls titres dont il se pare sont ceux de
Muni, ascète, *Çramana*, religieux, et de *Buddha*
sage. Sa doctrine n'est pas issue de la révélation
ou de l'inspiration, mais de l'étude et de la méditation ; il lui donne le nom de *Bodhi* (de la racine *budh,*
comprendre) pour bien marquer qu'elle est le fruit
de l'intelligence et de la réflexion, et comme pour
l'opposer au terme *Véda*, science révélée. C'est une
doctrine de salut évidemment, mais une doctrine
purement philosophique ayant pour but, comme du
reste au fond toutes les philosophies, d'expliquer,
de la manière la plus satisfaisante possible, les origines du monde et de l'homme et les troublants pro-
blèmes de l'Infini, et de conduire ses adeptes au bien
et au bonheur — absolu ou relatif — en leur appre-
nant, non pas à se fier à l'assistance d'un dieu, mais
à purifier leur cœur, à dompter leurs passions et à
se délivrer des causes les plus fréquentes du malheur, les préoccupations et les séductions du monde.

Le Bouddhisme n'est réellement devenu une religion qu'après la mort de son fondateur.

CHAPITRE II

LE BOUDDHA

Le fondateur du Bouddhisme est-il un personnage historique? — Histoire du Bouddha Çakya-Mouni. — La part du mythe et de la réalité dans la légende du Bouddha.

Le fondateur du Bouddhisme est-il un personnage historique?

Dans les pages qui précèdent, nous avons parlé à plusieurs reprises du fondateur du Bouddhisme et nommé le Bouddha. Avant d'aller plus loin, il convient d'élucider la question fort controversée de la personnalité et de l'existence historique de ce personnage que les écritures et la tradition bouddhiques désignent sous le nom de Bouddha Gautama, et par les épithètes de Çâkya-Mouni « l'ascète des Çâkyas », Çramaṇa « saint », Tathâgata « seigneur », Sugata « le bien venu », Jina « vainqueur (du monde ou des passions) », Bhagavat, etc.

Au début des études bouddhiques la réalité de ce personnage fut universellement admise. Plus tard, le premier moment d'enthousiasme pour une découverte nouvelle calmé, lorsqu'on soumit les écritures bouddhistes à l'épreuve de la critique his-

torique, il se produisit un revirement d'opinion, et
on ne voulût plus voir en lui qu'un être idéal, personnifiant la perfection de la vertu et de la science,
inventé après coup pour justifier la révolution
accomplie et donner la sanction d'un enseignement
personnel surhumain aux doctrines exposées sous
son nom, et créé sur le modèle accoutumé des
divinités bràhmaniques.

L'une et l'autre de ces opinions prises d'une façon
absolue sont exagérées, et nous croyons que pour
juger sainement de cette question importante il
convient de se tenir également éloigné de l'extrême
crédulité et de l'extrême négation, et que, tout en
reconnaissant le caractère mythique de la légende,
il est permis d'admettre la possibilité de l'existence
d'un personnage réel, sinon absolument historique,
autour duquel le mythe s'est formé, auquel la tradition populaire a appliqué les attributs merveilleux dont elle avait coutume de parer ses héros.

Histoire du Bouddha Gautama ou Çâkya-Mouni.

« Il est très regrettable que parmi les nombreux
livres sacrés qui constituent le Canon du Bouddhisme du Sud — le seul véritable — il ne se trouve
aucune biographie digne de foi de son fondateur. »

« Car le Bouddhisme n'existe pas plus sans le
Bouddha, que le Zoroastrisme sans Zoroastre, le
Confucianisme sans Confucius, l'Islamisme sans
Mahomet, et le Christianisme sans le Christ [1]. »

1. Sir Monier Williams *Buddhism*. p. 18.

Ces quelques lignes de sir Monier Williams définissent parfaitement la situation où nous nous trouvons. Nous ne possédons pas d'histoire authentique du Bouddha. Nous ne connaissons qu'une légende.

Il naquit, dit cette légende, dans la petite ville de Kapilavastou, aujourd'hui Bhuila [1], sur le territoire de Koçala (royaume d'Oudh), à environ quarante lieues de Bénarès et proche de la frontière du Magadha [2], actuellement province de Bihàr. Son père (Çouddhodana [3]) était roi ou chef de la tribu des Çàkyas, et sa mère se nommait Màyà-Dévî « Illusion divine » ou « Déesse Illusion ». On ignore la date exacte de sa naissance qui varie, suivant les auteurs, de 624 à 459 avant notre ère [4].

Ce n'était pas, du reste, la première fois qu'il paraissait sur la terre. Il avait déjà subi au moins

1. D'après sir Monier Williams, *Buddhism*, p. 21. — Cette identification est contestable, et M. Sénart doute fort de l'existence de Kapilavastu, la cité fondée par les fils du sage Kapila (*Essai sur la légende du Buddha*, p. 443).

2. C'est dans la langue de cette province, le *màgadhî*, que le Bouddha aurait prêché sa doctrine. Ce dialecte est proche parent du *pàli*.

3. « Celui qui possède du riz (ou un aliment) pur ». Les Çàkyas, bien que de race Kshatrya, se livraient à la culture du riz.

4. Cette date est calculée d'après celle de sa mort fixée à 543 par la tradition du Sud, et à 378 par les auteurs européens modernes (A. Barth : *Religions de l'Inde : Encycl. des Sciences rel.*), le Bouddha ayant vécu, dit-on, quatre-vingt-un ans. Une des inscriptions d'Açoka relate que ce prince monta sur le trône 218 ans après le Nirvàna, ou mort, du Bouddha. Or comme son avènement est de 260 ou 255 av. J.-C. la date traditionnelle la plus sérieuse de la mort du Bouddha serait donc 478 ou 473 et celle de sa naissance 559 ou 554. Il est à remarquer que l'ère bouddhiste part de la mort et non de la naissance du fondateur de la religion.

cinq cents naissances sous des formes diverses [1], et se trouvait, au moment d'opérer sa dernière incarnation, dans le séjour divin appelé *Tuçita* [2] où il enseignait la Loi aux Bodhisattvas et aux dieux.

Nous passons sur la scène, très intéressante cependant, du conseil tenu par les Bodhisattvas et les dieux pour décider quelle est celle des familles royales du temps assez pure pour recevoir le futur Bouddha, scène qui n'est, à ce qu'il semble, qu'une satire mordante des mœurs des dynasties régnantes.

Le choix de l'aréopage divin arrêté sur la famille du Çouddhodana [3], le futur Bouddha prend la forme d'un jeune éléphant blanc aux défenses d'or et descendant des cieux, avec tout un cortège de dieux, pénètre par le côté droit dans le sein de Màyà-Dévi endormie sur une terrasse de son palais [4]. Quand elle s'éveille, la reine se figure avoir rêvé, et, peureuse et ravie à la fois, s'empresse de révé-

1. Nous reviendrons sur ces existences successives du Bouddha à propos du dogme de la *Transmigration* ou *Métempsycose*, et de la *Charité*.

2. Le plus élevé des cieux bouddhiques, résidence des *Bodhisattvas,* ou êtres parfaits qui ne doivent plus revenir sur la terre que pour devenir Bouddhas, monde supérieur à celui des *Trayastrimçat*, ou des trente trois dieux védiques acceptés par le Bouddhisme, avec lequel on le confond quelquefois, mais à tort.

3. Selon la légende, il appartenait à la race d'Ikshvakou, ou dynastie Solaire. C'est le Bodhisattva lui-même qui désigne Çouddhodana et Màyà-Dévi pour ses futurs parents, non seulement en raison de leurs vertus, mais parce qu'ils ont déjà été ses père et mère dans toutes ses incarnations précédentes.

4. Suivant la tradition, Màyà-Devi était vierge, ou du moins n'avait pas encore enfanté.

ler ce songe à son époux, qui convoque aussitôt cent-huit Brâhmanes experts dans les mystères religieux afin de savoir ce que présage cette vision merveilleuse. Ceux-ci, à l'unanimité, déclarent que la reine est enceinte d'un enfant prédestiné au sort le plus glorieux.

Pendant tout le temps de la gestation, le Bodhisattva [1] demeura assis, les jambes croisées, dans l'attitude de la méditation, dans une châsse d'or, reproduction exacte de son palais céleste afin de ne contracter aucune des souillures inhérentes à la nature humaine. L'éclat qui émanait de son corps, perçant les flancs maternels, illuminait le monde. Jour et nuit les dieux se relayaient pour lui tenir compagnie et écouter ses discours.

Enfin le moment de la naissance arrive. Mâyâ-Dévî se trouvait alors dans le jardin Loumbini, et, comme, séduite par les fleurs fraiches écloses d'un plaksha [2], elle étendait la main pour en cueillir une, la branche s'abaissa jusqu'à sa portée, et, au même instant, le Bodhisattva sortit, sans la blesser, par son flanc droit. A ce moment un éclat merveilleux illumine l'univers, une pluie de fleurs se répand sur la terre, Brahmâ et Indra descendent des cieux pour adorer le nouveau né que les Apsâras [3] reçoivent dans un filet d'or ou d'étoiles.

---

1. C'est le nom qu'on lui donne tant qu'il n'a pas conquis le rang de Bouddha.

2. Les arbres jouent un rôle important dans la légende du Bouddha; *voir* E. Sénart : *Essai, etc.*, p. 438.

3. Nymphes célestes, musiciennes, chanteuses et danseuses du *Svârga* ou Paradis d'Indra. Ce sont les nuées blanches et légères du ciel d'été, les vapeurs des fontaines et des ruisseaux, les nymphes, les walkyres, les fées de nos contes.

Mais lui, échappant aux mains qui veulent le retenir, fait vivement sept pas dans la direction des six points cardinaux [1] et à chaque station, la main droite élevée au ciel, la gauche étendue vers la terre [2] prononce d'une voix retentissante ces paroles: « Je serai celui qui marche en avant de toutes les lois qui ont la vertu pour racine [3]. — Je serai digne des offrandes des dieux et des hommes. [4] — Dans le monde, je suis le plus excellent ; dans le monde je suis le meilleur ! C'est là ma dernière naissance ; je mettrai fin à la naissance, à la vieillesse, à la maladie, à la mort [5] ! — Je serai sans supérieur parmi tous les êtres [6] ! — Je détruirai le démon et son armée ; et pour tous les êtres qui sont dans les enfers, afin de détruire le feu de l'enfer, je ferai tomber la pluie du grand nuage de la loi, par lequel ils seront remplis de joie [7] ! — C'est en haut que je serai visible pour tous les êtres ». [8] !

1. L'Est, le Sud, l'Ouest, le Nord, le Zénith, le Nadir.

2. Pour prendre possession du monde, ou, selon une autre interprétation, pour marquer son rôle de médiateur entre le ciel et la terre.

3. Paroles prononcées à l'Est.

4. Au Sud.

5. A l'Ouest.

6. Au Nord.

7. Au Nadir.

8. Au Zénith. — P.-E. Fouceaux : *Lalita Vistara, Ann. du Musée Guimet*, VI, p. 78. Dans les Gâthas qui se trouvent à la page 81 du même ouvrage, il est dit plus simplement : (33) « Et après avoir fait sept pas, faisant entendre la voix de Brahmâ, le destructeur de la vieillesse et de la mort, le meilleur des médecins est apparu ». — (34) « Après avoir regardé fièrement les points de l'espace, il prononce alors cette parole pleine de sens : Je suis le premier du monde entier ; je suis dans le monde le meilleur guide. » — (35) « C'est là ma dernière naissance ! Et en parlant ainsi, le guide des hommes se met à sourire. »

Ensuite Brahmà, Indra et tous les autres dieux le baignent (ou le baptisent) en versant sur lui des eaux parfumées.

En même temps que le Bodhisattva naquirent les êtres qui devaient être associés à son existence terrestre : Yaçodà ou Gopà, sa future femme ; Tchandaka, son écuyer ; son cheval Kaṇṭaka ; son neveu Ananda qui deviendra plus tard son principal disciple.

Sept jours après sa naissance sa mère mourut [1] et il fut confié à sa tante, Mahà-Prajàpatì-Gautamì, sœur de Màyà-Dévì, assistée de trente-deux nourrices et de vingt mille jeunes servantes. Lors de la cérémonie de l' « attribution d'un nom », qui s'accomplit cinq jours après la naissance, Çouddhodana nomma son fils Sarvàrthasiddha[2] en raison des trésors que lui avaient offerts les dieux et de l'accomplissement de tous les souhaits qu'il avait formés.

Tout le récit de l'enfance du héros fourmille de faits miraculeux.

Ainsi, le vieux rishi [3] Asita plongé dans des austérités religieuses au sein des solitudes de l'Himalàya est averti de la naissance du Bouddha par le joyeux désordre des éléments, et quittant son ermitage, se hâte vers Kapilavastou. Aussitôt arrivé il est mis en

---

1. Il est établi que la mère d'un Bouddha meurt toujours sept jours après lui avoir donné naissance. Cette règle a, dit-on, pour but de lui épargner la douleur de la séparation au moment où sa vocation l'oblige à quitter la maison paternelle.

2. « Celui qui accomplit toutes choses ». — Le plus souvent on adopte la forme abrégée Siddhartha.

3. Personnage parvenu au plus haut degré de sainteté chez les Brâhmanes.

présence de l'enfant, sur le corps duquel il reconnaît avec admiration les trente-deux signes supérieurs [1], et les quatre-vingt marques secondaires [2], qui caractérisent un grand homme. Il se prosterne alors et l'adore, en versant des pleurs à la pensée que son grand âge ne lui permettra pas d'entendre prêcher la loi par le Sauveur qui vient de naître. Puis il révèle à Çouddhodana que son fils, s'il vit dans le monde, sera un roi Tchakravartin [3], mais que s'il embrasse la carrière religieuse il deviendra un Bouddha parfait, une *bénédiction pour le monde* [4]. Un peu plus tard, les dieux, conduits par Mahêçvara (Indra), viennent visiter le Bodhisattva dans le palais de son père, émerveillant le peuple par la splendeur de leur cortège, et lorsque, pour la première fois, on porte l'enfant au temple, toutes les effigies divines s'animent, descendent de leurs piédestaux et l'adorent en tournant trois fois autour de lui [5].

Le prince grandissant, on veut lui donner des maîtres ; mais au lieu de recevoir des leçons, c'est lui qui en donne, et son précepteur, Viçvàmitra [6],

---

1. *Lakshaṇa.*

2. *Anuvyañjâna.*

3. Le Cakravartin (Tchakravartin) est un empereur spirituel et temporel régnant sur le monde entier.

4. *Lalita Vistara*, p. 91.

5. Cet épisode a toutes les allures d'une addition postérieure. Il est plus que douteux que les Brâhmanes aient fait des statues et des temples avant l'apparition du Bouddha, car les Bouddhistes sont généralement considérés comme les inventeurs, dans l'Inde, de l'architecture et de la sculpture.

6. Le rishi Viçvàmitra est une des figures les plus célèbres de la période héroïque du Brâhmanisme. On a lieu de s'étonner de le voir figurer dans la légende du Bouddha.

rempli d'admiration et ne pouvant soutenir l'éclat de sa majesté, tombe prosterné la face contre terre [1]. Quelque temps après, le jeune Sarvârthasiddha se rend avec d'autres enfants et quelques serviteurs à une fête champêtre. Bientôt, laissant s'ébattre ses compagnons de jeu, il va s'asseoir au pied d'un jambou pour s'abriter contre les ardeurs du soleil ét se plonge dans une méditation profonde [2]. Quand, plusieurs heures après, on vient le chercher, bien que le soleil eut tourné, l'ombre du jambou était demeurée fixe afin de continuer à abriter le futur héros.

Enfin il est sorti de l'enfance ; ses seize ans ont sonné. Les principaux des Çàkyas tourmentés par le souvenir des prédictions relatives à la vocation religieuse de leur jeune prince, et plus ambitieux d'être les sujets d'un Tchakravartin que d'un moine, conseillent à Çouddhodana de marier au plus tôt son fils afin de le retenir dans le monde par les liens de l'amour et de la famille. On lui cherche une femme accomplie et tous les suffrages se portent sur Yaçodà ou Gopà, sa cousine, fille du prince Dandapani. Sarvârthasiddha ratifie le choix fait pour lui; mais Dandapani refuse de donner sa fille à un oisif voluptueux passant sa vie en rêveries, inhabile dans les exercices de force et d'adresse qui constituaient alors l'éducation d'un Kshatrya, et déclare que Gopà sera le prix d'un tournoi où tous les prétendants devront faire preuve de leurs ta-

1. *Lalita Vistara*, p. 113.

2. Ou bien il s'endort. — D'après un autre texte, qui place la scène beaucoup plus tôt, il avait été déposé endormi dans son berceau à l'ombre de l'arbre.

lents. Cinq cents jeunes Çàkyas, l'élite de la tribu, se mettent sur les rangs ; mais Sarvàrthasiddha les dépasse sans peine dans tous les exercices proposés et obtient la main de la belle Gopà. Il épouse aussi, le même jour, quatre-vingt-quatre mille jeunes filles choisies parmi les plus belles du royaume.

Ainsi entouré, son existence se passait en fêtes et en plaisirs dans les trois palais que son père lui avait fait construire pour l'été, pour la saison des pluies et pour l'hiver. Treize ans s'étaient écoulés et on pouvait croire que la prédiction fatale était à tout jamais éludée, mais les dieux, avides de l'entendre prêcher la loi de salut, veillaient. D'abord ils lui rappelèrent, les uns après les autres, les résolutions et les engagements pris par lui dans ses existences précédentes ; puis, le voyant préparé, ils résolurent de frapper un coup décisif.

Un jour que le Bodhisattva se rendait, sur son char, à un jardin de plaisance situé hors de la ville, il rencontra sur sa route un vieillard décrépit, sans dents, péniblement courbé sur un bâton, soutien insuffisant de ses pas tremblants. Surpris de cette apparition nouvelle pour lui [1], il interroge son cocher, lui demandant en punition de quel crime ce malheureux est réduit en si triste état. Ayant appris que la vieillesse était une conséquence fatale de l'existence et qu'il n'était pas en son pouvoir d'y échapper, le prince saisi d'angoisse et de tristesse renonce à sa promenade et se fait reconduire au palais. Une autre fois c'est un malade qu'il trouve

---

1. On avait pris soin d'éloigner de ses regards tout ce qui aurait pu l'attrister et éveiller en lui des idées de renoncement au monde.

en chemin, puis un cadavre en décomposition, et à chaque rencontre son dégout augmente pour une vie soumise à un si déplorable sort. Enfin, à une quatrième sortie, la vue d'un religieux mendiant respirant le calme et le contentement lui fait entrevoir dans la vie religieuse le remède aux misères de l'existence. Désormais son parti est pris ; il se fera religieux et se dispose à quitter pour toujours le monde, son royaume, sa famille [1].

Mais avant de s'éloigner il veut obtenir le consentement de son père. Celui-ci le supplie de renoncer à son projet, essaye de tous les moyens capables de toucher son cœur, et lui promet enfin de lui donner tout ce qu'il demandera s'il veut rester auprès de lui. « Alors, le Bodhisattva dit d'une voix douce : Seigneur, je désire quatre dons ; donnez-les moi. Si vous pouvez me les donner je reste là et vous me verrez toujours dans cette demeure ; je ne sortirai pas de la famille. Je désire, Seigneur, que la vieillesse ne s'empare jamais de moi et rester toujours en possession des belles couleurs de la jeunesse ; être toujours plein de santé et que la maladie ne m'attaque pas ; que ma vie soit illimitée et qu'il n'y ait pas de mort [2]. » Ne pouvant satisfaire son fils, Çouddhodana feint de consentir à son départ, se promettant bien de faire tout ce qui serait matériellement possible pour empêcher l'exécution de ce projet : aux portes, les gardes sont triplées et reçoivent une consigne sévère ; les

1. *Lalita Vistara*, p. 167. Ce sont les dieux eux-mêmes qui ont pris les apparences du vieillard, du malade, du mort et du religieux pour décider la vocation du Bouddha.

2. *Lalita Vistara*, p. 176, Gâthas 6 et 7.

femmes du harem devront veiller sur le prince *comme sur un oiseau,* sans le perdre de vue un instant, et n'interrompre ni jour ni nuit leurs chants, leurs danses et leur musique. Mais qui peut se flatter de résister à la volonté des Dieux ?

Assis au milieu de ses femmes, le Bodhisattva, plongé dans ses réflexions, suit d'un œil distrait et sans les voir leurs gracieux ébats. Même la nouvelle que Gopâ vient de donner le jour à un fils désiré depuis treize ans le laisse indifférent. Il s'endort. Brisées de fatigue les femmes se sont endormies aussi et, lorsque le prince se réveille soudain, la vue de ces corps abandonnés sans apprêt dans les poses où le sommeil les a surpris, éveille en lui l'image d'un charnier. Un immense dégout le saisit. Il se lève, va donner l'ordre à son écuyer de seller son fidèle coursier Kaṇṭaka et sort, sans être aperçu, du palais et de la ville dont les dieux ont pris soin de lui ouvrir les portes, après avoir répandu sur les gardes et tous les habitants un sommeil miraculeux.

Au lever du soleil, se jugeant à l'abri de toute poursuite, le Bodhisattva s'arrête en un lieu désert et dépouille ses ornements royaux que son écuyer Tchaṇḍaka, qui l'a suivi, rapportera au palais. A ce moment paraît un dieu, déguisé en chasseur, vêtu d'un grossier vêtement rougeâtre. Le prince échange contre sa défroque ses riches vêtements [1], et, à l'aide de son sabre, coupe ses cheveux et sa barbe ; puis, ainsi métamorphosé, sourd aux supplications

---

1. Selon un autre texte, c'est avec un linceuil souillé de boue rougeâtre enlevé à un cadavre qu'il se serait improvisé un manteau.

du désolé Tchaṇḍaka, il s'enfonce dans les taillis de la forêt voisine.

En ce temps, deux philosophes brâhmanes jouissaient d'une grande renommée et voyaient se presser autour d'eux la foule des disciples avides d'entendre leurs paroles. L'un, Arâṭa Kâlâma, enseignait la doctrine de la pauvreté et de la domination sur les sens, l'autre, Roudraka, fils de Râma, préchait les mortifications et les austérités religieuses.

Le jeune prince s'adressa successivement à ces deux maîtres et bientôt, aussi savant qu'eux, les quitta pour aller dans le désert chercher en lui-même la loi de vérité. Pleins d'admiration pour le talent et l'intelligence que Gautama avait montrés, cinq disciples de Roudraka abandonnèrent ce maître pour suivre leur condisciple dans sa retraite. D'abord il exagéra les pratiques de mortifications en usage chez les ascètes de ce temps, abusant des jeûnes au point de ne prendre pour toute nourriture qu'un seul grain de riz par jour ; puis, s'apercevant que ce système ne l'amenait à rien qu'à un affaiblissement extrême, même de l'intelligence, il revint à un genre de vie plus rationnel. Mais alors ses cinq compagnons, ne comprenant rien à sa conduite et l'accusant de céder à des propensions sensuelles, le quittèrent avec mépris.

Demeuré seul, il met pendant plusieurs années toute la force de son intelligence à découvrir la voie de salut qu'il cherche. Enfin le voile se déchire, la vérité se fait jour dans son esprit, il sait, il voit tout, le présent, le passé, l'avenir, il est devenu Bouddha [1].

1. *Buddha,* sage, éclairé, illuminé.

Il se dirige alors vers le lieu dit *Bodhi-maṇḍa*[1], situé sur le bord de la rivière Nàirañjanà, et là, après s'être baigné, il s'asseoit au pied d'un figuier appelé l'arbre *Bô*[2], sur un siège fait d'une botte de gazon de Kuça[3] que lui donne le laboureur Svastika[4], et y demeure sept semaines, sans faire un mouvement et sans prendre de nourriture, plongé dans la méditation parfaite de Samàdhi.

Instruit de l'arrivée de Gautama à la condition de Bouddha (ou à la Bodhi) par les phénomènes miraculeux (lumière éclatante, pluies de fleurs et de trésors, tremblements de terre, etc.) au moyen desquels les dieux manifestent leur joie, le génie du mal, Màra[5], prévoyant que son empire sera détruit par la prédication de la Bonne Loi, met tout en œuvre pour l'induire en tentation et lui faire perdre, par une faiblesse d'un instant, le rang si pénible-

---

1. Localité imaginaire où tous les Bouddhas doivent venir recevoir l'investiture de leur rang sous un arbre sacré.

2. *Ficus religiosa*. — L'arbre joue un rôle important dans la légende bouddhique. Chaque Bouddha a un arbre qui lui est particulièrement consacré.

3. Le Kuça, herbe à longues feuilles souples, est l'herbe sainte par excellence. L'autel védique était fait de Kuça, et cette plante sert à fabriquer la ceinture sacrée que revêt le Bràhmane au moment de l'initiation.

4. Ce terme est curieux comme nom de personne. Le Svastika ou croix gammée, est un des plus anciens symboles religieux de l'Inde ; il paraît se rattacher au sacrifice du feu offert à Agni et aux autres dieux au lever du soleil.

5. Ou aussi Pàpiyàn. *Màra* « trompeur » est un des noms de Kàma, le dieu de l'amour. — Comparer cette tentation de Màra avec les luttes des démons des nuages et des ténèbres contre les dieux védiques du soleil, du jour et de l'atmosphère.

ment conquis [1]. Il essaye successivement contre Gautama de l'ambition, en lui offrant l'empire du monde s'il renonce à sa carrière de Bouddha, — de la frayeur, en l'attaquant avec toute l'armée des démons dont les armes se brisent ou se changent en fleurs, — de l'amour, en faisant s'ébattre sous ses yeux le dangereux essaim des Apsaras, expertes en séductions, — du doute, en discutant ses mérites et son droit au titre de Bouddha. Mais rien n'y fait, le Sage demeure inébranlable, et, à son appel, la Terre elle-même vient rendre témoignage de la légitimité de ses prétentions. Néanmoins le prince du mal refuse de se déclarer vaincu ; la honteuse déroute de son armée, ses défaites personnelles, les supplications de ses fils eux-mêmes qui le conjurent de se soumettre, ne peuvent l'arrêter ; son orgueil l'aveugle, il tentera encore un effort. Par son ordre, ses trois filles [2] vont expérimenter contre le Héros le pouvoir de leur beauté irrésistible, et de leur science des *trente-deux magies* des femmes. Leur châtiment ne se fait pas attendre ; un regard du Bouddha les change en vieilles femmes décrépites.

C'en est fait, Mâra est confondu ; il vient se prosterner hypocritement devant son vainqueur, mais, toujours perfide, en feignant de lui rendre hommage il s'écrie : « Éteins-toi, Seigneur, entre dans le Nirvâṇa ! » Espérant le déterminer à ne pas prêcher la

1. Ces scènes de tentation sont fréquentes dans les livres brâhmaniques. Les Rishis et les grands ascètes y ont été exposés et beaucoup ont succombé, perdant ainsi le fruit de longues et pénibles austérités.

2. Cet épisode rappelle la tentation de Zoroastre par les trois Drujes.

Loi et, par là, conserver au moins une partie de sa puissance [1]. Ce dernier espoir est déçu, et les dieux célèbrent par leurs acclamations la victoire du Sage [2].

La lutte contre Màra avait duré un jour, le premier de la station du Bouddha à l'ombre de l'arbre Bò. Les six autres jours de la semaine, il les employa, dit-on, à méditer sur la condition misérable du monde esclave de la douleur, de la misère, des maladies, de la vieillesse et de la mort, et à formuler les préceptes qui devaient servir de base à sa doctrine : le dogme des *Quatre Vérités Excellentes* et des *Huit Bons chemins* par lesquels l'humanité peut arriver au salut, c'est-à-dire à la cessation de l'existence. Pendant les six autres semaines il visita les diverses demeures des dieux et celle des Nàgas [3].

Sorti victorieux de l'épreuve de la tentation, Gautama éprouve cependant un profond découragement à la pensée de toutes les difficultés qu'il aura à vaincre pour faire triompher la Loi dans le monde corrompu par Màra, esclave de l'erreur et de la passion. Il est même sur le point de renoncer

---

1. C'est-à-dire, il l'engage à devenir *Pratyéka-Buddha*, car le Pratyéka ne se préoccupe que de son salut personnel, tandis que le Bouddha parfait travaille au salut du monde entier.— Le mythe solaire est très visible dans ce passage.

2. *Lalita Vistara*, pp. 257 à 286.

3. *Lalita Vistara*, pp. 287 à 325. — Il y a là une contradiction évidente avec la légende qui le fait rester sept semaines entières, sans mouvement, sous l'arbre Bò. On doit comprendre, bien que le texte n'en parle pas, que c'est son esprit seulement qui, par la puissance de la méditation, se rendit dans les mondes des dieux et des Nàgas. — Les Nàgas sont des génies-serpents habitants de l'atmosphère et surtout des eaux.

à prêcher sa doctrine, et d'entrer de suite dans le repos si doux de Nirvâṇa. Alors Brahmâ, Indra, et tous les autres dieux accourent, l'exhortent, lui représentent le triste état du monde, lui rappellent ses résolutions héroïques d'autrefois, et le décident enfin à « tourner la roue de la Loi pour le profit de tous les êtres [1] ». Fermement résolu, il quitte alors Bodhimaṇda et commence à travers l'Inde ces longues pérégrinations qui dureront quarante-cinq années consacrées à la prédication de la Loi par la parole et par l'exemple de toutes les vertus.

Son premier souci est de trouver des auditeurs dignes et capables de le comprendre. Le vieil Asita, Arâṭa Kàlàma et Roudraka, étant morts depuis quelque temps, il songe à ses cinq compagnons, les anciens disciples de Roudraka, et se met à leur recherche. C'est pour eux que, la première fois, il fait *tourner la Roue*, et, malgré leurs préventions, séduits, enthousiasmés ils s'attachent à ses pas pour ne plus le quitter. Chaque jour le nombre de ses recrues augmente et sa réputation grandit; les rois eux-mêmes subissent le charme de son éloquence entraînante : Bimbisara, roi de Magadha, Prasénajit, roi de Koçala, Ajâtaçatrou souverain de Râjagriha embrassent ouvertement la foi nouvelle en qualité d'*Oupâsakas*[2], entraînant dans leur conversion toute la population de leurs états, et c'est par milliers

<hr>

1. Léon Feer, *Fragments traduits du Kandjour*, Ann. du Musée Guimet, p. 14, et P.-E. Foucaux, *Lalita Vistara*, p. 330. — *Tourner la Roue de la Loi*, ou simplement *Tourner la Roue*, est l'expression consacrée pour : prêcher la doctrine bouddhique.

2. L'*Upâsaka* est le fidèle laïque; littéralement «*serviteur*».

que l'on compte les Bhikshous [1] qui font au Bouddha
un cortège triomphal lorsque, après sept ans d'absence, il se décide sur les instances de son père à
venir visiter sa ville natale.

Le séjour de Çàkya-Mouni à Kapilavastou est marqué par la conversion, en masse des Çàkyas, hommes et femmes, y compris le roi Çouddhodana luimême, l'entrée dans la confrérie de son neveu
Ananda, de Ràhoula, fils du Bouddha et de Gopà, et
par la fondation de l'ordre des religieuses bouddhistes, les *Bhikshounis,* dont la direction spirituelle est confiée à Ananda [2].

Tant que le nombre de ses disciples n'est pas
trop considérable, Çàkya-Mouni les mène partout
avec lui, profitant de toutes les occasions qui se
présentent pour exposer quelque point de sa doctrine. Un jour vint cependant où ces pérégrinations
en masse furent impossibles, la foule qui suivait le
Maître eût ruiné les villes et les villages où l'on
passait, les localités surtout où la congrégation se
fixait pendant la saison des pluies. Il répartit alors
ses religieux par groupes de quatre ou cinq cents
dans des monastères, *vihàras,* à la direction desquels il préposa quelqu'un de ses disciples éprouvés : tels que Mahà-Kàçyapa, Çàripoutra, Maudgalyàyana, etc., établissant ainsi fatalement les

1. Moines mendiants.
2. Cet ordre fut fondé à la demande de Gopà et de Gautami
qui en furent les premières abbesses. Çàkya-Mouni s'y refusa
longtemps, craignant que l'introduction des femmes dans la
confrérie fût une cause de désordre. Il céda cependant sur les
instances d'Ananda qui, parait-il, eut par la suite beaucoup
de peine à maintenir la discipline parmi ses Bhikshunis.

bases de la hiérarchie sacerdotale qui devait se développer si puissamment après sa mort. Ces monastères, entourés de vastes jardins, étaient dûs à la libéralité des princes et de quelques riches particuliers ; les plus célèbres sont ceux de *Jétavana* à Çràvastî, de *Vénuvana* à Râjagriha et d'*Amrâdarîka* à Vaiçali. Le Maître les visitait tous régulièrement chaque année et chacune de ses visites était l'occasion de quelques-uns de ces sermons, discours et controverses sur des points de morale, de dogme ou de discipline qui constituent les écritures sacrées du bouddhisme. Çàkya-Mouni résidait de préférence à Jétavana ; ce fut aussi le théâtre de sa célèbre dispute avec les faux prophètes en présence du roi de Koçala, Prasénajit, choisi pour arbitre ; lutte à coups de miracles où fut consacrée la réputation du Bouddha comme thaumaturge et qui eut pour épilogue la mort du chef des prophètes, Pouràna Kàçyapa, qui aima mieux se noyer que de survivre à la honte de sa défaite.

Cependant le Bouddha vieillissait. Il avait eu dans ses dernières années la douleur d'assister à la destruction de son peuple massacré et dispersé par le tyran Virûdhaka, fils parricide du roi Prasénajit. Ses forces s'épuisaient ; seule son énergie le soutenait encore dans les fatigues de sa vie errante. Il venait d'atteindre sa quatre-vingt-unième année, lorsque, passant un jour dans la ville de Kouçinagara, il fut invité à un repas par un forgeron, nommé Tchounda, qui lui offrit un plat de chair de porc. Pris d'une violente indisposition à la suite de ce repas indigeste et sentant sa fin approcher, il se rendit à un petit bois de Çalas (sandaliers) et se coucha en proie à

de vives douleurs. Néanmoins il eut encore la force
de donner à ses disciples désolés ses dernières instructions, de leur recommander de répandre dans le
monde entier la Loi de Salut qu'il leur avait apportée et de les exhorter à persévérer sans faiblesse
dans la voie tracée. « Peut-être, leur dit-il, en quelqu'un de vous cette pensée naîtra : Les paroles de
notre maître sont finies. Nous avons perdu notre
maître! Mais il n'en est pas ainsi. Les vérités et les
règles de l'ordre que j'ai enseignées et prêchées,
qu'elles soient votre Maître quand je serai parti! »
— « Désormais soyez votre propre lumière, votre
refuge ; ne cherchez pas d'autre refuge? — Tenez
d'une main ferme la vérité comme votre lampe. —
Attachez-vous à la vérité comme votre refuge. —
Ne cherchez refuge qu'en vous-même [1] ». — Puis,
comme la nuit allait finir, se couchant sur le côté
droit, la tête reposant sur son bras droit (attitude
du lion) tournée dans la direction du Nord, il s'endor-
mit paisiblement du dernier sommeil et entra dans
Nirvâṇa.

A ce moment la terre trembla. Brahmâ et Indra
en deuil apparurent au milieu des moines et dans
la désolation générale prononcèrent ces gâthâs :

« Tous les éléments de l'être sont passagers ;

« La naissance et la destruction sont leur nature ;

« Ils sont nés et dissous ;

« Le bonheur n'existe que quand ils ont cessé
d'être. »

Aidés par les dieux, les Nâgas et la foule des
peuples accourus de toutes parts, les disciples du

1. *Mahâ-parinibbâna Sûtta*, II, 32, 33. Sir Monier Williams,
Buddhism, p. 49.

Bouddha lui firent des funérailles royales dignes de son lignage et de son rang plus que divin [1]. Une pluie parfumée, versée par les dieux, éteignit la flamme du bûcher, qu'avait allumé Mahà-Kàçyapa, dès que les parties corruptibles du corps furent consumées et les assistants se partagèrent comme reliques les ossements respectés par le feu, les tisons et les cendres.

Cet événement s'accomplit en 543 suivant les Écritures çinghalaises, en 478 selon les inscriptions d'Açoka, ou en 378 d'après un certain nombre de savants européens [2].

La part du mythe et de la réalité admissible dans la légende du Bouddha.

A ne considérer que la partie de l'histoire du Bouddha relative à sa naissance, à son enfance, à sa jeunesse, à son départ de Kapilavastou, à la tentation de Màra, et à l'entrée dans Nirvàna, il est incontestable que nous nous trouvons en présence d'une composition fabuleuse analogue à celle de tous les mythes divins — non seulement de l'Inde mais de toute l'antiquité et du monde entier, —

1. Tous les dieux indous qui se manifestent sur la terre meurent et sont honorés de funérailles solennelles. L'ascension directe au ciel est très rare. — Le Bouddha est supérieur aux dieux privés de l'immortalité.

2. La date d'Açoka nous paraît être la plus probable, non pas tant en raison du témoignage (très sérieux cependant) des inscriptions, qu'à cause de la puissance du Bouddhisme dans l'Inde à l'arrivée d'Alexandre, puissance qui n'aurait pu s'établir en cinquante années.

d'une légende merveilleuse familière au peuple indou et appliquée, sans doute, à quelques détails près au Bouddha, comme elle l'avait été précédemment à Vishṇou, comme elle le fut plus tard à Kṛishṇa [1], parce qu'elle reflétait traditionnellement la conception populaire du maître religieux parfait, du dieu bienfaisant et sauveur, on pourrait presque dire dire du Rédempteur, descendu, ou se révélant, sur la terre pour le salut des hommes.

Mais, à côté de la légende merveilleuse qui enveloppe et défigure l'histoire au point de nous amener à douter qu'il ait jamais existé un Bouddha ailleurs que dans l'imagination de ses historiens, il y a toute la série des écritures relatives à sa vie religieuse, à sa prédication, à son enseignement moral qui nous le montrent non plus avec les attributs d'une divinité, mais sous l'aspect d'un homme, d'un philosophe, d'un Socrate, et qui semblent avoir (à part, bien entendu, les inévitables miracles dont elles sont émaillées) un caractère historique aussi sérieux que celles attribuées aux autres fondateurs de sectes religieuses et à leurs disciples immédiats. La simplicité des récits (*Sûtras*) primitifs [2] fait un contraste frappant avec l'emphase des livres brâhmaniques et des Poûraṇas où l'on sent la prétention d'exposer une doctrine révélée. Les idées capitales, les principes philosophiques les plus importants sont l'objet, dans les Sûtras, de redites perpétuel-

1. E. Sénart : *Essai sur la légende du Buddha*, pp. 295 et suiv.

2. On peut considérer comme primitifs les Sûtras où les dieux et les bodhisattvas ne figurent ni comme interlocuteurs, ni comme auditeurs du Bouddha.

les, variées dans leurs formes, répétées à toutes occasions comme si le Maître craignait de ne pas être bien compris, méthode habituelle du reste aux philosophes de l'antiquité qui n'écrivaient pas et devaient compter exclusivement sur la mémoire de leurs auditeurs. Les dogmes énoncés sont simples, peu nombreux, exclusivement moraux. Nulle part ne perce la préoccupation de fonder une religion en opposition avec les croyances existantes, nulle part on ne peut reconnaître la moindre prétention à une origine divine. C'est un maître éloquent, enthousiaste, convaincu, sûr de lui et de sa science qu'on nous présente ; jamais un dieu, toujours un homme ; seulement c'est le plus parfait des hommes.

Présentée ainsi la personnalité du Bouddha devient suffisamment historique, et, étant donné qu'il faut nécessairement un fondateur à toute secte ou religion, il est possible d'admettre qu'il ait existé dans l'Inde, 600 ans avant notre ère, un philosophe, un prêcheur ardent du nom de Gautama qui a émis et propagé les idées fondamentales du Bouddhisme, ou peut-être a prêté simplement l'appui d'une éloquence entraînante à des dogmes déjà exposés par des maîtres moins habiles. Plus tard ses disciples en ont fait un dieu, par reconnaissance et presque par nécessité, lorsque son école philosophique se transforma en religion et que la parole du Maître cessant d'être soumise au jugement de la raison devint assez prépondérante pour obtenir une obéissance absolue [1]. Peut-être aussi eurent-ils la

---

1. *Voir :* E. Sénart : *Essai sur la légende du Buddha*, 2e édit., 1882, pp. 441 et suiv. — Sir Monier Williams : *Buddhism*, 2e édit., 1890, p. 16.

main forcée par le populaire qui appliqua inconsciemment à Gautama la légende divine à laquelle
il était habitué, ce qui expliquerait la ressemblance
de l'histoire du Bouddha avec celle de Krishṇa et
les attributs solaires qui lui ont été dévolus.

CHAPITRE III

DOGMES RELIGIEUX ET PHILOSOPHIQUES DE L'INDE AVANT LE BOUDDHISME

Psychologie bràhmanique. — La Transmigration ou
Métempsycose. — Le Sàṇkhya de Kapila.

Psychologie bráhmanique.

Nous avons généralement coutume, en Europe,
de séparer le dogme du développement philosophique et moral de la religion, établissant ainsi une
distinction entre ce qui est tenu pour l'objet d'une
révélation divine directe et ce qui est l'œuvre
propre de l'esprit humain. Avec les croyances de
l'Inde une semblable distinction est impossible
à établir; tout y est philosophie, le dogme comme
la morale, et l'on serait presque en droit de dire
que le dogme n'existe pas tant il se résout à une
conception philosophique dans laquelle les antiques traditions naturalistes, qui ont présidé à la
naissance de la religion, sont noyées et rendues
méconnaissables. Nous allons voir que ce phénomène est surtout frappant dans le Bouddhisme.

Mais, avant d'exposer la doctrine bouddhique,
il est indispensable de résumer brièvement les

principales idées philosophiques et religieuses qui avaient cours dans l'Inde au moment de son apparition.

Toutes les religions ont pour but, et affichent la prétention plus ou moins justifiée, de mener l'homme au bonheur absolu dans un autre monde, et, en attendant, de lui procurer un bonheur relatif sur la terre, en détruisant le *mal* principe de tous les maux de l'humanité. Or, pour combattre efficacement le mal, il ne suffit pas d'en constater l'existence, il faut en connaître la cause afin de trouver le moyen de la supprimer, et c'est à quoi toutes les religions se sont appliquées, chacune suivant les instincts et le caractère du peuple qu'elle gouvernait.

La cause du mal, les Hébreux l'ont attribuée à un péché du premier homme, héréditaire à perpétuité chez tous ses descendants, dont le châtiment frappe une multitude d'innocents en expiation de la faute d'un seul coupable déjà sévèrement puni lui-même ; conception qui a le grand défaut de prêter à la Divinité un caractère de rancune froide et cruelle. Les Zoroastriens l'expliquent par le dualisme des deux principes du bien et du mal coexistant de toute éternité et devant lutter à forces presque égales jusqu'au jour de la victoire définitive du bien, c'est-à-dire, jusqu'à la fin du monde actuel. Les Scandinaves et les Germains donnent au mal une origine à peu près semblable (c'est l'œuvre des *Jotes* ou démons, les puissances du froid et des ténèbres) et proclament que sa destruction et le triomphe du bien suivront de près la terrible crise du *Ragnarok* ou *Crépuscule des*

Dieux. Les Grecs l'attribuent à la jalousie des dieux, au crime de Prométhée et à l'impiété croissante des hommes à qui il n'est resté pour tout bien, au fond de la boîte de Pandore, qu'un peu d'espérance. Les Chinois, esprits pratiques, déclarent que le mal est inhérent à la nature humaine et que c'est à l'éducation seule qu'il appartient de le réprimer. Les Indous, prédisposés plus que tous les autres peuples aux spéculations métaphysiques, ont vu, depuis les temps les plus reculés, la cause du mal dans la matérialisation de l'âme immortelle, autrement dit, dans la souillure qu'elle contracte par le fait de son union avec la matière grossière et inintelligente.

Suivant les idées brâhmaniques l'âme immortelle de tous les êtres, des animaux aussi bien que de l'homme et des dieux [1], est une parcelle de l'Essence, de l'Esprit du créateur, Brahmâ, qui pénètre et anime tout l'univers, c'est-à-dire de *l'Ame universelle* [2]. Ces âmes se sont séparées de l'âme divine, par la volonté du dieu lui-même, au moment de la création afin de donner la vie à la matière qui devait former le monde. Souillées et dégradées par le contact de cette matière inerte,

---

1. Et peut-être même des végétaux.

2. Voir : F. Max Müller : *The Upanishads*, Sacred Books of the East, tomes I et XV. — J. Eggeling : *Çatapâtha Brâhmaṇa*, Sacred Books of the East, tomes XII et XXVI. — Paul Regnaud : *Matériaux pour servir à l'histoire de la philosophie dans l'Inde*. — A. Loiseleur-Deslongchamps : *Mânava-Dharma-Çâstra*, ou *Code des Lois de Manou*. — Monier Williams : *Indian wisdom* et *Religious thougt and life in India*. — H.-H. Wilson *Vishṇu Puraṇa*. — E. Burnouf : *Bhâgavata Puraṇa*

inintelligente, impure [1], elles lui demeurent atta-
chées par les liens des passions et des sens tant
qu'elles n'ont pas su briser ces chaînes et acquérir
le degré de pureté qui leur permet de revenir se
fondre pour l'éternité dans *l'Ame universelle*, ou
Brahmâ.

La Transmigration ou Métempsycose.

Mais ce bonheur, cette libération des maux de
l'existence ne s'obtient pas sans difficultés. Les
âmes devront vivre des milliers de vies dans des
conditions diverses, basses ou relevées, misérables
ou heureuses, parmi les hommes, les dieux inférieurs, les démons, les animaux, ou dans les enfers [2], montant ou descendant l'échelle des êtres
selon qu'elles auront bien ou mal vécu dans leurs
existences précédentes. La condition future de
l'âme est réglée, à la fin de chaque vie, par une sorte
de Fatum, le *Karma* (conséquence des actes), sans
que les dieux, ni le dieu suprême, aient à s'en
mêler même à titre de juges de ses actes ; car, par
elles mêmes, les actions viles et coupables ressè-
rent les liens qui attachent l'âme à la matière
d'autant plus fortement qu'elles sont produites par
un plus grand abandon aux passions, tandis que la
pureté de la vie, le détachement des choses du
monde, la pratique des austérités et des morti-

1. D'après le Védantisme, il ne s'agit pas à proprement parler de matière, mais de la *Mâyâ*, (Illusion), créée par Brahmâ.

2. L'enfer n'est que temporaire : la sévérité et la durée de
la peine sont proportionnées aux crimes commis.

fications religieuses relâchent et rompent ces chaînes [1].

La divinité peut, il est vrai, intervenir pendant la vie pour encourager le saint à la persévérance; quand ce n'est pas pour l'induire en tentation ou en erreur [2].

Les *Bonnes conditions* de l'existence, la fortune, le bonheur terrestre et finalement le salut (*Moksha* ou *Mukti*) s'obtiennent par l'observation exacte des lois morales, l'accomplissement des devoirs religieux et sociaux, les sacrifices, les prières, par la connaissance approfondie des Védas récipients de la science révélée, surtout par la pratique des pé-

1. Il est intéressant de constater que ces idées, dont on ne trouve pas de traces chez les Zoroastriens et les Sémites, avaient pénétré en Grèce dès le temps de Platon qui les met dans la bouche de Socrate dans deux ouvrages fameux, le *Phèdre* et le *Phédon*.

Peut-être même avaient-elles inspiré Pythagore 200 ans plus tôt?

2. Les livres brâhmaniques fourmillent de légendes où les dieux tentent de faire perdre au sage le fruit de ses austérités par quelque acte passionnel. Ainsi, par exemple, Vikrama, que ses vertus devaient élever au rang des dieux, se laisse séduire par les charmes de la belle Apsarà Urvaçi, et pour ne pas la quitter renonce au séjour céleste. Il se contente d'être admis parmi les musiciens du Svarga, les Gandharvas. — Un autre sage illustre, Viçvamitra, résiste, lui, aux séductions de Rambhâ, la gracieuse reine des Apsarâs, envoyée auprès de lui par le dieu Indra, jaloux de ses mérites; mais furieux d'avoir été troublé dans ses méditations, il change en pierre la nymphe importune et, par cet acte de colère, perd le fruit de mille ans de mortifications. — Dans le Vishnu Puràna, Vishnou prend la forme d'un hérétique pour séduire et perdre les Daityas. — Le même dieu se change aussi en femme, Mohini, pour détourner Çiva de ses austérités, etc.

nitences (*tâpas*), des mortifications les plus rigou-, reuses et de la méditation extatique sur la nature et les œuvres de Brahmà. La meilleure des *Bonnes Conditions* est celle d'homme (car seule l'âme de l'homme peut parvenir à la libération), mais elle est elle-même divisée en quatre classes absolument distinctes et fermées, les castes : *Brâhmanes*, prêtres ; *Kshatryas*, nobles ; *Vaiçyas*, bourgeois ; *Çoûdras* (çûdra), artisans, laboureurs, etc. Les trois premières, outre qu'elles possèdent tous les droits politiques et sociaux, la considération et la fortune, ont droit au titre de *Dvija* « deux fois né » que leur confère le sacrement de l'initiation ; mais seul le Brâhmane est assez saint pour prétendre à l'union finale avec Brahmà. Les membres des autres castes, quelque soit leur mérite, doivent avant d'espérer le *salut* renaître au moins une fois en qualité de brâhmanes [1], et la situation est surtout désespérante pour le Çoûdra qui ne peut recourir pour hâter sa délivrance aux mortifications religieuses que sa condition méprisable rend absolument inefficaces, ni à la science renfermée dans le Véda dont l'étude lui est interdite sous peine de commettre le plus grand des crimes, un véritable sacrilège.

Tel est le système de la transmigration brâhmanique (selon les traditions orthodoxes conservées jusqu'à nos jours dans le Védànta) qui a, pendant

---

1. Les écritures sacrées stipulent le nombre des transmigrations nécessaires pour passer d'une caste à l'autre, à condition que l'âme ne subira pas de déchéance, ni la peine de l'enfer, ni celle de la naissance parmi les animaux ou les démons. Cependant le délai peut être abrégé pour le Dvija par l'ascétisme, les austérités religieuses et certains sacrifices.

des siècles, servi de base non seulement à la religion, mais encore à l'organisation sociale et politique de l'Inde, mis les privilèges de tous ordres exclusivement dans la main du Brâhmane et contribué puissamment, sans doute, au développement du pessimisme.

Le Sâṅkhya de Kapila.

C'est sur ce thème de la transmigration éternelle, de ses misères, de ses causes et des moyens d'y échapper que les diverses écoles de la philosophie indoue ont brodé leurs variations depuis la plus haute antiquité (on en trouve déjà des traces dans les Brâhmaṇas [1]) ; théistes, panthéistes, matérialistes, tous l'ont admise comme base de leurs systèmes quelles que fussent d'ailleurs les divergences d'opinions qui les séparaient sur beaucoup d'autres points, notamment sur la nature et le rôle des dieux, l'origine du monde et sa création.

La plus importante parmi les écoles hétérodoxes,

---

1. Selon le *Çatapâtha-Brâhmaṇa*, la transmigration est le résultat d'un compromis passé entre les dieux et la mort. Les dieux étaient jadis mortels ; au moment où, grâce à l'observation minutieuse des rites sacrés et à la multiplicité des sacrifices, ils obtinrent l'immortalité, la mort, frustrée par eux et redoutant de voir les hommes suivre leur exemple, exigea des garanties. Ils promirent alors que tout être qui gagnerait l'immortalité par le mérite de ses dévotions devrait préalablement faire abandon de son corps à la mort, et que ceux qui négligeraient les sacrifices seraient soumis à d'innombrables renaissances chaque fois suivies de mort. — Monier Williams : *Religious thought and life in India*, p. 21.

en raison du rôle considérable qu'elle a joué dans le développement philosophique et religieux de l'Inde, est le système matérialiste appelé *Sâṅkhya*, qui fut fondé, dit-on, par le sage Kapila deux ou trois siècles avant l'apparition du Bouddha.

Le *Sâṅkhya* repousse la doctrine théiste de l'origine divine des âmes et nie la création *ex nihilo* de la matière par un dieu suprême, en vertu de ces trois arguments :

1° Un être parfait (un dieu) ne possède aucune passion ; ne possédant pas de passion, il ne peut avoir de désirs ; n'ayant pas de désir, il n'a pas de volonté ; il ne peut donc pas être créateur, puisque la création implique le désir et la volonté de créer. S'il y a un créateur, ce n'est pas un être parfait, un dieu, puisqu'il est possédé de passion ;

2° Une substance grossière, inintelligente, et impure, telle que la matière, ne peut procéder d'un pur esprit, parce qu'il faudrait pour cela qu'elle y eût existé virtuellement, et alors ce ne serait plus un pur esprit (l'immatériel ne pouvant produire le matériel ; une cause ne pouvant produire un effet que si cet effet est contenu potentiellement en elle, comme, par exemple, l'arbre dans la graine) ;

3° Une chose quelconque ne peut pas naître de rien.

Pour le Sâṅkhya, l'univers est le résultat de l'union de deux principes indestructibles, coexistant de toute éternité : le principe producteur, *Prakriti* (Prakṛtî) ou *Pradhâna* « cause matérielle efficiente », et l'Esprit, *Pourousha* (Puruša), principe mâle.

Prakriti est la matière infiniment subtile, le

germe élémentaire actif, évoluant sans cesse, l'éternel féminin éternellement fécond ; mais elle est inintelligente et incapable, à elle seule, de produire une forme visible quelconque. Elle est une, tout en possédant trois qualités, ou *Gunas : Sattva*, pureté ; *Rajas*, passion ; *Tamas*, ignorance ou obscurité.

Pourousha « le mâle » est un principe intelligent, mais inactif et incapable de rien produire, quoique sa présence, toute passive d'ailleurs, soit indispensable pour compléter les créations de Prakritî et leur donner une forme apparente. Pourousha est légion ; il existe en nombre incommensurable, illimité. Ce sont les âmes. Et chaque âme a son individualité, sa personnalité propre qu'elle conserve toujours, même dans son union avec Prakritî.

Quand une de ces âmes vient à proximité de Prakritî (que désormais nous appellerons simplement la matière), celle-ci, obéissant à son besoin inconscient d'évolution, entre en activité, déploie toutes ses ressources, produit toutes espèces de fantômes de créations pour exciter la curiosité de l'âme, la séduire et la déterminer à l'union qu'elle attend. Aussitôt que cette union est accomplie, — inconsciemment de la part de l'âme éblouie par les prestiges de sa séductrice, — les trois Gunas lient l'âme à la matière et un être est créé.

Lorsque la matière est au repos les trois Gunas s'équilibrent parfaitement, se neutralisent l'une l'autre ; mais dès qu'elle entre en activité l'équilibre est rompu (c'est, du reste, la condition indispensable pour qu'une création se produise) et l'une des trois qualités prédomine fatalement dans l'être.

La prédominance de la pureté, de la passion ou de l'ignorance explique l'inégalité des conditions, le bonheur ou la misère de l'existence, les qualités de la nature de l'être, ses vices ou ses vertus, et l'âme, quoique passive et n'étant en quelque sorte que la spectatrice des actes de Prakriti [1], en supporte cependant les conséquences en raison des liens qui l'attachent à elle, devient complice, assume une part de responsabilité de ces actes, et se trouve soumise à la transmigration, résultat de toutes les actions mêmes vertueuses [2], jusqu'à ce qu'elle ait trouvé le moyen de rompre ses chaînes.

C'est ce moyen, ou plutôt cette science, *Pramâ*, que le Sânkhya prétend révéler en enseignant à l'âme son individualité, sa personnalité, son indépendance de Prakriti et de ses actes, en lui montrant que toutes les créations du monde sont vaines, pures illusions, mirages décevants qui n'ont d'autre but que de la retenir unie à la matière et d'autres résultats que de la soumettre aux misères de l'existence. Le vrai sage arrive au *Salut* en s'abstenant de tout acte quel qu'il soit, en se désintéressant absolument du monde extérieur, création trompeuse de Prakriti, et alors son âme, enfin libre, rentre dans le calme et le repos qu'elle ne quittera

---

1. Monier Williams : *Religious thought and life in India*, p. 32.

2. Les actes coupables doivent être punis, les actes méritoires doivent être récompensés, ce qui ne peut avoir lieu que par la transmigration dans une mauvaise ou une bonne condition. Le salut ne peut s'obtenir que par une absence complète d'actes. — Voir à ce sujet, Monier Williams : *Indian Wisdom*, p. 65.

plus, guérie qu'elle est, par l'expérience, de sa fatale curiosité.

Dans ce système, on le voit, il n'y a point de place pour un dieu suprême et créateur, ni pour d'autres dieux inférieurs protecteurs et directeurs du monde, puisque les principes constitutifs de l'univers sont éternels, s'aggrègent et se séparent suivant une loi éternelle comme eux, et que les objets créés par leur union se développent et se détruisent pour renaître toujours en vertu de l'éternel besoin d'évolution de la matière; et cependant, par une contradiction singulière, — motivée sans doute par la nécessité de ne pas heurter de front les préjugés de son temps, — Kapila admet l'existence de ces dieux inutiles et sans raison d'être, de même qu'il reconnait l'autorité du Véda, — sous le prétexte que son auteur a connu la vérité, — tout en démolissant le système théiste auquel ce livre sert de fondement.

CHAPITRE IV

DOGMES ET PHILOSOPHIE DU BOUDDHISME.

Psychologie bouddhique. — Transmigration — Le Karma. —
Cosmologie. — Théogonie. — Le dogme des Quatre Vérités
Excellentes. — La Méditation. — Doctrine du Vide. —
Le Non-Moi. — Doctrine du Milieu.

Psychologie bouddhique. — Transmigration.

C'est de ces deux systèmes, le Védànta primitif
et le Sànkhya, du dernier surtout, que le Bouddha,
ou le fondateur quel qu'il soit du Bouddhisme, a
tiré les principes psychologiques de cette religion,
mais, il faut bien le reconnaître, sa théorie de
l'existence et de la nature de l'âme est d'une
obscurité désespérante et ouvre le champ à toutes
les interprétations ; il ne l'expose même nulle part
d'une façon spéciale ; il semble presque qu'il n'ait
pas eu sur ce sujet d'opinion personnelle, soit que
— comme Confucius[1] — il jugeât dangereux ou

---

1. Lorsqu'on l'interrogeait sur la nature de l'âme humaine
et sur son sort après la mort, Confucius éludait la question et
se bornait à répondre : « Nous ne connaissons pas la vie,
comment pourrions-nous connaître la mort. » Il évitait de
même de se prononcer au sujet de l'existence et de la nature
des dieux, disant : « Il faut respecter les dieux et les esprits,
mais les tenir à distance. »

tout au moins inutile de sonder un mystère impénétrable, soit plutôt que, tacitement, il acceptât pour
valables les idées des autres philosophes de son
temps et se préoccupât exclusivement de faire
triompher sa doctrine du salut, seul véritable but
de son enseignement, quelles que fussent d'ailleurs
les notions de ses auditeurs sur la nature de l'âme [1].
Quoiqu'il en soit, cette question de la conception
bouddhique de la nature et de l'origine des âmes
est, depuis des siècles, un sujet intarissable de
controverses entre les écoles bouddhistes et aussi
chez les savants européens qui se sont occupés de
cette religion. Les uns lui attribuent une origine
védàntiste en se basant sur l'emploi par les bouddhistes du terme védàntin *àtman* (souffle, étincelle, essence de vie) pour désigner l'âme, concluant que l'*àtman,* l'absolu, l'âme universelle, est le
principe des âmes qui s'en sont séparées pour s'unir
à la matière, et prétendent trouver la confirmation
de leur opinion dans la conception de l'*Adi-Bouddha* de l'école Mahàyàna, véritable âme universelle [2]. D'autres soutiennent que le Bouddhisme

1. « Il ne s'occupe pas de l'origine des choses ; il les prend
comme elles sont ou comme elles lui paraissent être, et le problème auquel il revient sans cesse dans ses entretiens, n'est
pas celui de l'être en soi, mais celui de l'existence. Plus encore
que le Védànta des Upanishads, sa doctrine se renferme dans
la question du salut. » A. Barth : *Religions de l'Inde, Encycl.
des Sc. rel.*, vi, p. 560.

2. M. Barth, lui-même, admet d'une façon générale l'origine
védàntiste du bouddhisme : — « Si l'on va plus loin, si on
prend les systèmes bràhmaniques un à un, on trouve que c'est
avec le Sànkhya que la doctrine de Çàkyamuni, à première
vue, a le plus de ressemblance. Sur plusieurs points essentiels

qui a tant emprunté au Sàṇkhya a dû nécessairement aussi prendre sa notion de la nature de
l'âme. D'autres enfin, s'appuyant sur les idées
métaphysiques adoptées par les écoles Mahàyàna
et Màdhyamika et sur la confusion qui semble
avoir été faite entre l'*àtman* (àme), et le *manas*
(intellect, simple organe interne des sens, *antah-*

les conclusions sont les mêmes, et les analogies deviennent
surtout frappantes si on descend aux détails. Évidemment,
les deux systèmes ont vécu côte à côte et se sont fait de
mutuels emprunts. Nous doutons cependant que les véritables
origines du bouddhisme soient à chercher de ce côté. Le
Sàṇkhya, tant sous la forme confusément matérialiste qu'il a
dans les plus vieilles Upanishads, que sous la forme dualiste
qu'il a revêtue plus tard, est un système solide, peu susceptible de développements et de modifications profondes. Il est
surtout fort peu sentimental et ce n'est pas de lui qu'a pu venir
le pessimisme dont sont empreintes toutes les conceptions du
Buddha. D'autres part, on admettra difficilement que cette
haine de l'existence ait été inspirée directement, comme le
veut la légende, par le spectacle des misères de la vie. L'expérience apprend qu'il y a presque toujours un naufrage métaphysique à l'origine de ces grandes douleurs, et, de nos jours,
c'est bien à la suite de l'écroulement de grands systèmes
idéalistes que nous voyons des idées fort semblables se
répandre parmi nous. Quand la spéculation, après avoir miné
la notion du réel dans l'objet sensible, est obligée de s'avouer
que l'objet transcendant se dérobe à son tour, il ne reste
plus que l'alternative du scepticisme ou de la philosophie
de la désespérance : on est Càrvaka ou Bouddhiste. C'est
donc dans une doctrine idéaliste, dans le Védànta primitif,
mais dans un Védànta qui a perdu la foi dans le *brahman,*
que nous paraît devoir être cherché le point de départ des
idées du Buddha. Il faut croire à l'Absolu pour ressentir
aussi profondément l'inanité et l'imperfection des choses
finies; il faut y avoir cru et avoir trouvé cette croyance
vaine pour l'ignorer avec une aussi calme et inflexible résolution. » — *Religions de l'Inde*, (*Encycl. des Sc. rel.* VI. p. 563).

karaṇa, et composé de *skandhas*) nient que le Bouddhisme reconnaisse réellement une âme immortelle distincte de la matière ou de la substance, autre que l'entendement ou la conscience d'être, et, poussant jusqu'au bout les conséquences de la doctrine du *Vide,* du *Non-Moi* et de la *Non-existence* de la substance, ne voient plus que deux abstractions à la place du corps et de l'âme, le *Karma* et le *Dharma,* les actes et la loi [1].

1. H. Oldenberg : *Buddha, sein Leben, seine Lehre, seine Gemeinde,* p. 258. « Der Körper, wie die Seele, existirt allein als ein Complex von mannichfaltig sich verschlingenden Entstehen und Vergehen; aber weder Körper noch Seele hat Existenz als eine in sich selbst geschlossene, in ihrer Innerlichkeit sich behauptende Substanz ».

Léon Feer : *Fragments traduits du Kandjour,* p. 155. — « Nous trouvons ici une analogie avec la philosophie hétérodoxe des Brâhmanes; celle-ci dit qu'il faut séparer l'*âme* du *corps;* le Buddha soutient qu'il faut séparer la *loi* (Dharma) des *actes* (Karma). Aux deux existences inégales, mais réelles, concrètes de la philosophie brâhmanique, le bouddhisme substitue ou oppose deux abstractions, deux entités; car la « loi » répond à « l'âme », les « actes » répondent au « corps ». Cela prouve une fois de plus combien le bouddhisme se plaît aux abstractions, et quel penchant irrésistible l'entraîne à se détourner de l'observation des êtres réels pour contempler les êtres de raison qu'il imagine. »

A. Barth : *Religions de l'Inde,* p. 162. — « Cette vanité de toute existence n'aurait pas été affirmée tant de fois par le Buddha qu'elle ressortirait rien que de la théorie des douze Nidânas. La première des douze causes, l'ignorance, qui consiste à prendre pour réel ce qui ne l'est pas, implique évidemment la non-réalité du monde, non pas comme substance, la chose en soi étant en dehors des considérations du bouddhisme, mais du monde tel qu'il nous apparaît. Les objets que nous percevons n'ont pas de réalité propre et, comme on vient de le voir, il en est rigoureusement de

Il est bien difficile de prendre parti entre ces opinions, toutes soutenues par des autorités considérables et appuyées sur des textes irréfutables. Cependant nous croyons être dans le vrai en adoptant celle qui attribue au Bouddhisme à peu près la même conception de la nature et de l'origine de l'âme que celle du Sânkhya, et voici pourquoi :

Le caractère particulier du Bouddhisme, et qui lui a valu sa réputation d'athéisme, est la négation absolue de l'existence d'un dieu suprême. Comment serait-il possible dès lors d'admettre que le Bouddha eût accepté comme principe et origine des âmes cette divinité même qu'il bannissait du monde ? L'inconséquence serait par trop forte. Puis on aurait découvert quelques traces de ce système, ne fût-ce que sous forme d'allusion, dans quelqu'un des enseignements du maître, et on ne les trouve que dans les doctrines d'écoles métaphysiques postérieures de plusieurs siècles à la mort de Çâkyamouni. Or,

même, dans la doctrine des Suttas pâlis, du sujet qui les perçoit. Son individualité n'est qu'une forme, qu'une apparence vaine. Πάντα ῥεῖ, tout n'est qu'un flux d'agrégats qui se font et se défont sans cesse, un écoulement immense dont on ne cherche pas à savoir l'origine et auquel on ne peut échapper que par le Nirvâna. Une fois le système arrivé à ce point, il ne restait plus qu'une négation à formuler, mais celle-ci d'ordre purement ontologique, la négation de la substance même. Ce dernier pas fut franchi dans l'école fondée par Nàgàrjuna, un siècle environ avant notre ère, à une époque où la doctrine d'abord fort peu spéculative de Çâkyamuni avait donné naissance à un ensemble vaste et compliqué de conceptions métaphysiques. Dans cette école, dite des Mâdhyamikas, le bouddhisme se résout en un pur nihilisme. Il est devenu ce que les brâhmanes lui reprochent d'être, la *doctrine du vide*. »

même là, peut-on affirmer que la conception d'un Bouddha suprême et âme universelle soit le résultat du développement d'une idée latente du Bouddhisme primitif ? Et n'est-il pas vraisemblable qu'il s'agit d'une infiltration d'idées brâhmaniques adoptées dans le but de corriger ce que l'athéisme bouddhique avait d'incompréhensible, peut-être, ou de répugnant pour l'esprit d'un peuple accoutumé à voir des dieux partout ?

D'un autre côté, si l'on admet que l'âme se confonde avec le *manas* et qu'elle soit, comme la substance, un composé de *Skandhas* (agrégats), elle doit se dissoudre entièrement au moment de la désagrégation des Skandhas sans qu'il lui reste aucune personnalité, ni responsabilité. Alors que devient la transmigration ? Que devient le Karma ? Pourquoi cette âme, dont il ne restera rien que des éléments épars, doit-elle s'efforcer de mériter un repos qui n'existe pas ? Pourquoi doit-elle accumuler des mérites qui ne lui serviront pas ? Par charité ? Mais que peut être cette charité, cet amour d'un être qui n'existe pas pour des êtres, eux-mêmes sans existence [1] ? On sent bien qu'une pareille doctrine n'est que le produit des subtilités de métaphy-

1. — « Cette doctrine était-elle déjà aussi nettement formulée dans l'enseignement du maître ? Il est permis d'en douter. D'une part, les livres sanscrits du Nord paraissant admettre quelque chose de permanent, un *moi* passant d'une existence à une autre ; d'autre part, on ne s'expliquerait guère, ce semble, que le Bouddhisme, non content de faire accepter le néant comme souverain bien, eût dès l'origine, rendu sa tâche plus difficile encore en faisant, en définitive, de la poursuite de ce bien un pur acte de charité. » — A. Barth : *Religions de l'Inde*, p. 561.

siciens ergoteurs, mais n'a jamais pu être l'enseignement d'un fondateur de religion. De plus, même
dans les écritures du Bouddhisme du Nord, elle est
contredite à chaque instant par le rôle que l'on fait
jouer aux Bouddhas, aux Bodhisattvas et même à
de simples fidèles, le ressouvenir qu'on leur prête
des actes accomplis et des résolutions prises dans
leurs existences précédentes, qui impliquent une
personnalité permanente persistant au moins jusqu'au moment du Nirvâna.

Si le Bouddhisme est obscur et vague dans sa
définition de l'âme, il affirme très catégoriquement
l'éternité et l'impérissabilité de la matière élémentaire, et c'est l'union de cette matière à l'âme qui
constitue l'univers et les êtres. A l'instant même
de cette union, l'âme se trouve enveloppée, comme
d'un vêtement, par les *Skandhas* [1] qui s'attachent à
elle jusqu'à ce qu'elle ait réussi à s'en défaire par
la perfection de sa conduite (c'est surtout en cela
que la notion bouddhique diffère de l'idée sankhyiste
qui considère l'âme comme absolument indépendante des *gunas*). La destruction complète des
Skandhas entraîne la délivrance de l'âme de toute
naissance future et constitue le *Salut* ou Nirvâna;
mais, tant que l'âme reste la proie des Skandhas,
elle est assujettie à l'obligation de renaissances sans
nombre, c'est-à-dire à la *Transmigration* ainsi que
l'établissent ces gâthas du *Naïrâtma-paripriccha:*

1. Les Skandhas, ou agrégats, sont : 1° Le corps organisé ;
2° La sensation ; 3° la perception ; 4° le discernement ; 5° la
conscience. L'homme possède les cinq Skandhas; les autres
êtres en ont un moins grand nombre proportionnellement à
leur rang dans la nature.

« L'insensé qui réside dans les lois du monde,

« Tourne comme une roue ;

« Dans le cercle qui est le siège de la douleur,

« Il tournera à perpétuité. »

« Comme le soleil et la lune vont et viennent alternativement,

« Ainsi, changeant de place dans l'existence,

« Les êtres vont et viennent alternativement [1]. »

Cet enchaînement sans fin, ce *cercle* de la Transmigration a souvent été comparé à notre théorie de l'*Évolution*, et non sans raison, car c'est bien d'un mouvement dans le sens de la perfection qu'il s'agit ; seulement nous comprenons l'évolution comme devant fatalement se produire dans le sens du progrès parce que nous ne considérons que les espèces prises en masse en négligeant les individualités qui peuvent faire exception à la loi générale, tandis que dans le Bouddhisme, qui ne connaît que les individus, l'évolution est souvent rétrograde. Tout être, si infime soit-il, possède la conscience et le discernement ; il peut donc avoir des vices et des vertus ; il est responsable de ses actes et capable de devenir homme, dieu et même Bouddha ; mais, de même, l'homme ou le dieu qui a démérité redescend l'échelle des êtres, peut renaître par exemple sous la forme d'un insecte ou d'un ver de terre, et même tomber dans l'enfer, ce qui est la pire condition puisqu'elle implique la nécessité de recommencer (la peine étant subie) toute la série des existences en partant de la plus basse ; car, ne

---

1. Léon Feer : *Fragments traduits du Kandjour*. (*Annales du Musée Guimet*, V. p. 180.)

l'oublions pas, l'enfer chez les Indous n'est pas éternel, c'est une sorte de bagne. Les conditions dans lesquelles l'être peut renaître suivant ses mérites sont : l'enfer, les mondes des animaux, des démons, des génies, des hommes, des dieux, des Bodhisattvas et enfin des Bouddhas.

Le Karma.

La condition nouvelle dans laquelle l'âme doit renaître est réglée, dès l'instant de la mort, par une *loi* ou *force* inexorable, fatale, rigoureusement juste, qu'on nomme le *Karma*. Pour nous autres Européens dressés à voir en toutes choses l'intervention de la Divinité, et surtout dans la rétribution des actes, ce Karma est assez difficile à comprendre. C'est en réalité simplement la *conséquence des actes* commis pendant la vie qui vient de s'écouler et pendant les existences antérieures. Quelques citations nous le feront saisir mieux que de longues descriptions.

Le Cula-Karma-Vibhanga-Suttanta [1] dit :

« Une vie courte, une vie longue, un état maladif, une bonne santé, une mauvaise mine, un extérieur gracieux, une petite puissance, une grande puissance, la pauvreté, la richesse, la basse naissance, une haute naissance, l'ignorance, la science, dépendent des actes commis dans des existences précédentes. »

Nous trouvons dans le Karma-Vibhaga pâli [2] une

1. Léon Feer, *Fragments traduits du Kandjour*, p. 493.
2. *Id.*, p. 250.

exposition à peu près du même sens. Ici c'est le Bouddha lui-même qui parle, à l'occasion d'une question que lui a posée un certain Çuka-Manava :

« Manava, les êtres provenant des actes de leurs existences (antérieures), le don et tout ce qui s'y rattache étant un acte, la naissance et tout ce qui s'y rattache étant un acte, la cause individuelle de chaque être étant un acte, Manava, les êtres se transforment par l'effet des actes. Il s'en suit que le bien, le mal, ou l'entre-deux (du bien et du mal), beaucoup d'espèces d'êtres sont liés à beaucoup d'espèces d'actes, à beaucoup d'espèces de douleurs, à beaucoup d'espèces de vues ; je veux dire, par exemple, le fruit mûr résultant d'un acte noir et d'un acte blanc. Ainsi, Manava, par l'effet des actes noirs un être naît (pour aller) dans la mauvaise direction, telle que le Naraka, les animaux, les Yakshas, les rôdeurs, les Asuras, etc. Ceux qui ont fait des actes blancs renaissent parmi les dieux et les hommes. »

Dans le Mâha-Karma-Vibhanga-Suttanta [1] le même sujet est exposé d'une façon plus claire encore :

« Celui qui a fait par le corps, la parole ou la pensée, un acte réfléchi et conscient qui entraîne une sensation de bien être, ressent le bien être ;

« Celui qui a fait par le corps, la parole ou la pensée, un acte qui entraîne une sensation accompagnée de douleur, ressent de la douleur. »

La conséquence directe des actes d'une existence précédente sur les événements de la vie suivante est nettement exposée dans cette légende :

---

1. Léon Feer : *Fragm. trad. du Kandj.*, p. 502.

Le roi de Koçala, Prasénajit, détrôné par son fils, se réfugie sur les terres de son voisin Ajâtaçatrou. Pressé par la faim et la soif, il demande à manger et à boire à un paysan qui lui donne une poignée de radis et lui indique une source. A peine a-t-il bu que le roi détrôné tombe mort tenant dans sa main crispée la poignée de radis :

« Ensuite, le roi Ajâtaçatrou étant venu en présence de Bhagavat (Çâkyamouni), il questionna Bhagavat : — Vénérable, quels actes le roi de Koçala, Prasénajit, avait-il fait pour que la maturité de ses actes ait causé sa mort? — Bhagavat dit : Autrefois, grand roi, dans une caverne de montagne demeurait un brâhmane qui épousa une femme de même caste que lui. Il lui naquit un fils.

« Une fois ce fils alla mendier. On lui donna une poignée de radis. Il dit à sa mère, en les lui remettant : je reviens dans un instant, quand je me serai baigné. — Ces paroles dites, il alla se baigner.

« Un Pratyéka [1], qui passait dans ce lieu désolé, alla mendier à la porte de la caverne. La brâhmanî remarqua les charmes de sa personne, les charmes de son esprit. De telles dispositions naquirent en elle qu'elle lui offrit la poignée de radis.

« Sur ces entrefaites le fils du brâhmane rentra. — Mère, dit-il, mangeons la poignée de radis. — Mon fils, répondit-elle, il faut t'en réjouir; un religieux qui a en lui l'essence du calme est venu pour mendier, je la lui ai donnée. — Le fils avait faim, il souffrit, fut très mécontent et s'écria : — Puisque

______
1. Bouddha d'ordre secondaire.

ce religieux l'a mangée, pourquoi sa main ne s'est-elle pas raidie et n'est-il pas mort ? »

« Que penses-tu grand roi? Ce fils de brâhmane, c'était le roi de Koçala, Prasénajit lui-même [1] ».

Au fond dans cette doctrine du Karma, tout étrange qu'elle nous paraisse, se révèle un sentiment très élevé et très respectable, peu commun chez les peuples primitifs, le sentiment de la justice et de la responsabilité personnelle. L'homme fait lui-même sa destinée. Il n'a pas à reprocher son malheur à la divinité ; elle n'y est pour rien. Cette idée est exprimée fréquemment et sous toutes les formes dans les livres indous, et surtout dans les écritures bouddhiques :

« Les mauvaises actions que tu as commises ne sont le fait ni de ton père, ni de ta mère, ni de tes parents, ni de tes amis, ni de tes conseillers. — Toi seul les a toutes commises. Toi seul tu dois en récolter les fruits [2], » dit le Dévadûta-Sûtta réfutant à l'avance les excuses d'entraînement, de mauvais exemples, de fatalité que peuvent invoquer les coupables ; et une fois les actes coupables perpétrés, il n'est aucun moyen d'en éviter les douloureuses conséquences : « Dans les cieux, affirme le Dhamma-pada [3], dans les profondeurs de la mer, te cacherais-tu dans les crevasses des montagnes, nulle part tu ne trouveras un lieu où tu puisses échapper au résultat terrible de tes mauvaises actions. » Mais, par contre, tout acte vertueux reçoit

1. Léon Feer : *Frag. trad. du Kandj.*, p. 67.
2. Sir Monier Williams : *Buddhism*, p. 115.
3. *Id.*, p. 114.

sa récompense, partout il accompagne celui qui l'a accompli, il le précède et le devance pour préparer son bonheur : « Ses parents et ses amis ne félicitent-ils pas un homme qui revient d'un long voyage, lorsqu'il arrive sain et sauf chez lui ? — De même, le juste, lorsqu'il passe de ce monde dans un autre, est attendu par ses bonnes actions comme par des amis [1]. » Il est à remarquer aussi que l'effet de la *conséquence des actes* ne s'exerce pas uniquement sur une seule existence, elle suit l'âme jusqu'à ce que *tous ses fruits* soient consommés, car, suivant le Mâha-Karma-Vibhanga-Suttanta [2], il ne suffit pas pour obtenir une bonne condition que les actes de la dernière vie aient été bons et qu'au moment de la mort l'esprit soit *dans la bonne direction*. Le Karma peut être bon, même à la suite d'actes coupables, si les actes antérieurs ont été vertueux et si, au moment de la mort, les vues sont justes, si le mourant *voit la maturité de ses actes;* et peut être mauvais, dans le cas contraire, même après toute une vie de sainteté. C'est ainsi que le coupable condamné à la peine de l'enfer ne perd pas le mérite des bonnes actions qu'il peut avoir faites, et que, par contre, le saint le plus parfait peut être accablé de maux en punition de crimes anciens insuffisamment expiés.

Le Karma ne règle pas seulement la naissance des êtres, il préside aussi à la formation des mondes et remplace la divinité absente. Quand un monde naît, ce n'est pas par la volonté et la puissance d'un dieu, c'est par l'effet du Karma. Cette idée a-t-elle

---

1. *Devadûta-Sûtta;* Monier Williams : *Buddhism,* p. 114.
2. Léon Feer : *Frag. trad. du Kandj.,* p. 506.

été émise par le Bouddha lui-même? Il est permis d'en douter; mais elle est implicitement contenue dans son enseignement, et le Mahà-Karunà-Punda-rîkâ-Sûtra [1] l'expose d'une façon très formelle, quoique peu claire et surtout peu satisfaisante comme raisonnement. Ce curieux Sûtra, qui se termine par une exposition du dogme favori du Bouddhisme, celui des Quatre Vérités et de la vanité du monde, met en scène le Bouddha mourant et Brahmà venu pour assister aux derniers moments du Sage.

Brahmà est convaincu d'être le créateur du monde, et ne le cache pas; mais, poussé par les questions du Bouddha, il finit par convenir qu'il n'a rien créé du tout, ni l'univers, ni les éléments de l'univers, ni les êtres, ni les choses bonnes ou mauvaises, matérielles ou spirituelles, ni le bien, ni le mal. — « Bhagavat repartit : Eh bien! Brahmà, pourquoi as-tu cette pensée et te dis-tu en toi-même : c'est par moi que les êtres animés ont été faits, par moi qu'ils ont été transformés, par moi qu'ils ont été doués de leurs propriétés et de leurs vertus? »

« Brahmà répondit : Bhagavat, j'étais sans intelligence; j'ai gardé constamment les vues auxquelles j'étais arrivé; je ne les ai point rejetées, en sorte que je suis dans l'erreur. En effet, Bhagavat, comme je n'avais point entendu d'une manière suivie la discipline de la loi prêchée par le Tathàgata, c'est par moi, me disais-je, que les êtres ont été créés, par moi qu'ils ont été transformés; c'est par moi que le monde a été fait, par moi qu'il a été trans-

1. Léon Feer : *Fragm. trad. du Kandj.*, p. 153. — Ce Sûtra appartient à l'école Mahàyàna.

formé; voilà ce que je me disais, voilà quelles étaient mes vues erronées. Et maintenant je questionne le bienheureux Tathàgata sur le sens véritable et précis de ces choses. Bhagavat, par qui le monde a-t-il été fait, par qui a-t-il été transformé? Par qui les êtres ont-ils été faits, par qui ont-ils été transformés? Bhagavat, cette puissance créatrice de qui est-elle? De qui viennent ces propriétés et ces dons attribués aux êtres? »

« Bhagavat répondit en ces termes à Brahmà : Brahmà, c'est par le Karma que le monde a été fait, par le Karma qu'il a été transformé; c'est par le Karma que les êtres ont été créés; c'est du Karma, provenant de la cause du Karma, qu'émanent les distinctions de l'être. »

En dépit de l'éclaircissement que ce Sûtra prétend apporter à la question, il y a là quelque chose d'excessivement obscur. On se demande comment il pouvait bien exister un Karma, alors qu'il n'y avait rien, et de quels actes il pouvait provenir avant que l'univers eut commencé à se former? A cela l'Indou bouddhiste répond que l'univers est éternel comme la matière dont il est composé, que de toute éternité, parmi les milliers de mondes qui le constituent [1], il s'en est trouvé en état de formation, de plein développement et de destruction, qu'il n'y a pas de destruction universelle, et que, par conséquent, la cause du Karma, elle aussi, est éternelle.

---

1. Les Indous admettent la pluralité des mondes habités.

Cosmologie.

Notre univers, d'après les données bouddhiques (identiques en cela avec celles des brâhmanes) se compose de trois régions. La région supérieure ou céleste, la région moyenne ou terrestre et la région inférieure (qui comprend les enfers, mais n'est pas exclusivement infernale), chacune subdivisée en plusieurs séjours ou mondes.

La région supérieure en renferme trois : le monde des dieux qui se meuvent dans la région sans forme; le monde des dieux qui se meuvent dans la région de la forme; le monde des dieux qui se meuvent dans la région du désir. La région sans forme appartient exclusivement aux Bouddhas; elle correspond au Nirvâna. Cependant certains métaphysiciens bouddhistes soutiennent qu'il ne faut entendre par ce terme que le Nirvâna parfait, ou *Parinirvâna,* c'est-à-dire l'entière extinction de la personnalité, la destruction complète de la notion du *moi,* et admettent qu'il existe un autre Nirvâna dans lequel le Bouddha imparfait, le Pratyéka-Bouddha, possède encore une ombre de corps, dit *Nirmânakâya,* qui le retient jusqu'à un certain point dans la dépendance des passions. Dans la région de la forme vivent les êtres parfaits qui sont cependant encore susceptibles de revenir sur la terre, les Bodhisattvas et les dieux supérieurs. Dans la région du désir s'agitent les dieux inférieurs et les génies qui devront fatalement reprendre la forme humaine pour parfaire leur salut.

La région moyenne se compose de deux mondes seulement : celui des génies supérieurs, situé entre le ciel et la terre, dans l'atmosphère ou sur les pentes du mont Mérou *(Meru)*, et celui des hommes, c'est-à-dire la Terre. Celle-ci est formée de quatre continents séparés par des océans et groupés autour du mont Mérou, centre et pivot de l'univers (c'est absolument le système brâhmanique).

Dans la région inférieure se trouvent les mondes : des génies inférieurs, des démons, des démons affamés et enfin les enfers avec leurs multiples étages, tous plus terribles les uns que les autres.

C'est cet ensemble que les bouddhistes désignent habituellement sous le nom de « les Dix Mondes [1] ».

Tout l'univers, y compris les mondes des dieux (sauf le monde sans forme qui est immuable), passe successivement par quatre phases ou états appelés *Kalpas* : état de formation, de développement, de déclin et de destruction, chacun d'une durée de 84,000 ans. A la fin du dernier Kalpa, le monde est détruit par le feu et le vent [2], et se repose dans le chaos pendant une période égale à la durée totale des quatre Kalpas ; puis la création recommence et le monde se reforme exactement tel qu'il était précédemment, chaque continent, chaque partie des

1. Il ne faut pas confondre les *Dix Mondes* avec les *Dix Quartiers*, qui sont : le Nord, le Nord-Est, l'Est, le Sud-Est, le Sud, le Sud-Ouest, l'Ouest, le Nord-Ouest, le Zénith et le Nadir. Chacun de ces quartiers possède une divinité spéciale, appelée Grand-roi, *Mahâ-râja*.

2. Ni les brâhmanes, ni aucune secte indoue n'admettent la destruction du monde par les eaux. La légende du Déluge de Manou est probablement empruntée à la tradition chaldéenne.

continents se reconstituant sans le moindre changement de forme et d'étendue [1].

Théogonie.

Si, comme nous venons de le voir, le Bouddhisme
a supprimé le Créateur, le dieu suprême de la
mythologie bràhmanique, — dépassant en cela le
système matérialiste de Kapila, — c'est sans doute
parce que qu'il n'a plus de raison d'être, n'ayant
pas de fonctions et pas d'action sur le monde où
tout, même la création, est réglé par le Karma.
Toutefois, cette idée n'est pas émise d'une façon
explicite. L'argument mis en avant pour justifier
la négation de l'existence d'un dieu suprême est
tiré de l'impossibilité de prouver cette existence
par des faits indiscutables. « Aucun Bràhmane, dit
Çàkya-Mouni, aucun Rishi n'a jamais vu Brahmà.
Personne n'a jamais prétendu l'avoir vu, savoir où
il est, d'où il vient. Cependant ils (les Bràhmanes)
ont prêché l'union avec ce qu'ils n'ont jamais vu,
et prétendu montrer la voie de cette union? Quand
une file d'aveugles se tiennent l'un l'autre, le premier, celui du milieu, le dernier ne peuvent rien
voir. Tel est le cas des Bràhmanes ». Cette négation,
du reste, n'est pas le fait exclusif du Bouddhisme :
le Véda ne connait pas de dieu supérieur, pas de
créateur, à proprement parler, et un traité ortho-

1. Voir le poème çinghalais : *Visites des Bouddhas dans
l'île de Lankà* (*Annales du Musée Guimet*, t. I). — A chaque
Kalpa, les diverses parties de l'île changent de noms, mais
elles restent identiques.

doxe, antérieur à l'apparition du Bouddhisme, la *Brihadâranyaka Upanishad,* contient déjà cette opinion que « lorsqu'un homme est dans la condition de science, les dieux ne sont plus des dieux pour lui, le Véda n'est plus Véda ». Le Bouddha a donc simplement adopté une opinion accréditée parmi les penseurs de son temps.

Il a conservé, cependant, toute la foule des divinités secondaires, des génies et des démons dont l'imagination âryenne avait peuplé le monde. Cette inconséquence paraît étrange. A-t-il voulu par cette concession aux idées théistes parer à l'accusation d'athéisme que ne manqueraient pas de susciter ses doctrines? A-t-il sacrifié au goût populaire, jugeant impossible de déraciner des croyances et des superstitions séculaires [1]. Il est permis de supposer que c'est à cette dernière considération qu'il a cédé, en raison du rôle effacé qu'il fait jouer à ces antiques régents du monde.

Non seulement ses dieux ne possèdent plus l'immortalité, sont soumis à la loi universelle de la naissance et de la mort, mais ils ne peuvent atteindre au salut, à la non-renaissance, à l'état de Bouddha, ou même simplement être réintégrés dans un des cieux, qu'à la condition de renaître dans le monde terrestre sous la forme humaine. Leur situation n'est que temporaire; une sorte de halte dans une agréable oasis [2]; c'est par la pra-

---

1. Les croyances populaires sont, en effet, des plus tenaces ; on peut en juger par la persistance en Europe des vieilles légendes païennes.

2. Le Bouddha et presque tous les saints ont été dieux un certain nombre de fois dans la longue série de leurs existences.

tique des vertus et de la science qu'ils l'ont acquise, et tous les hommes peuvent aspirer à les égaler, voire même à les dépasser [1]. Il n'y a plus de Brahmâ et d'Indra, mais des Brahmâs et des Indras, c'est-à-dire des classes d'êtres, en nombre illimité, jouissant, en proportion de leurs mérites, d'un certain bonheur et de certaines prérogatives; le plus parfait d'entre ces êtres devient le chef de sa catégorie, le *Grand Brahmâ* chez les Brahmâs, *Çakra*, le *Grand Indra* chez les Indras, etc. De leur antique puissance divine, il ne reste presque plus rien; leurs pouvoirs sont, il est vrai, supérieurs à ceux des hommes, mais néanmoins restreints dans les limites imposées par les immuables lois de l'univers; ce ne sont que des fonctionnaires célestes chargés de veiller au bon ordre du monde, des serviteurs des Bouddhas, qui n'ont d'initiative qu'en ce qui concerne la protection et l'expansion de la foi bouddhique. Dans ce but ils inspirent quelquefois les saints et encouragent leurs efforts par des conseils et des approbations.

La place que tient le dieu suprême dans les autres religions est occupée dans le Bouddhisme par les Bouddhas, ou plus exactement par les *Bouddhas parfaits*; car il y a deux catégories parmi ces êtres bienheureux.

Le Bouddha parfait est l'homme divinisé par la science, tellement détaché de toutes les choses du monde qu'il n'existe plus pour lui ni *mérites* ni *démérites*, tellement possédé de charité et d'amour du prochain pendant sa vie que son propre salut

1. Cette doctrine n'est pas particulière au Bouddhisme, elle existe déjà en germe dans le Brâhmanisme.

n'a plus de prix pour lui s'il ne peut en même temps assurer le salut des autres êtres ; son existence n'a été que sacrifice personnel, abnégation, austérité, prédication infatigable de la Bonne Loi, et, quand il est entré dans la béatitude de Nirvâna, son esprit identifié à la Loi (on dit même quelquefois que la Loi est son corps, *dharmakâya*) continue à veiller au bonheur du monde, inspire les hommes généreux jaloux de marcher sur ses traces, avides de continuer son œuvre. Mais n'oublions pas qu'il n'est jamais créateur.

Le Bouddha de second ordre, le *Pratyéka*, est aussi un saint, mais un saint égoïste. Reculant devant les fatigues de la prédication, il n'a voulu s'occuper que de son salut à lui ; aussi sa situation est bien inférieure ; il est délivré de l'obligation de renaître, il goûte le bonheur de Nirvâna, mais il n'est pas une *Bénédiction* pour le monde dont il n'a jamais eu aucun souci ; son âme conserve une légère enveloppe de passion que l'on appelle *Corps Nirmânakâya*.

Il ne peut se manifester dans l'univers qu'un seul Bouddha parfait par Kalpa (les Pratyékas sont en nombre illimité, mais ne peuvent pas être contemporains des Bouddhas parfaits) et Çàkya-Mouni est le troisième de la période actuelle d'existence du monde [1], ses deux prédécesseurs ayant nom Dîpankara et Kàçyapa. Quelquefois cependant on ne lui donne que le quatrième rang, et alors les Bouddhas ses devanciers sont : Dîpankara, Kakouçanda et Kàçyapa. Les livres sacrés de Ceylan ne reconnais-

***

1. Nous sommes donc dans le Kalpa de déclin.

sent que vingt-quatre Bouddhas [1], manifestés sur la terre jusqu'à présent, tandis que les écritures du Nord portent leur nombre à mille soixante et un [2].

Ces deux catégories de Bouddhas peuplent le monde, ou la région, *sans forme* (arûpa). Nous aurons à y revenir lorsqu'il s'agira du Nirvâna.

Au-dessous d'eux se trouvent les *Bodhisattvas*, hommes très parfaits devenus supérieurs aux dieux, aspirants au rang du Bouddha qu'ils atteindront dans une dernière incarnation sous la forme humaine, au cours de laquelle ils se dépouilleront de ce qui leur reste d'attachement aux passions. Leur résidence est le ciel *Tushita*, situé dans la *région de la forme*. Ce sont les agents zélés, les collaborateurs, les porte-paroles des Bouddhas qu'ils suppléent pendant le temps considérable qui sépare le Nirvâna d'un de ces êtres parfaits de l'apparition dans le monde de son successeur. Leur puissance est immense ; ils commandent aux dieux, aux éléments, peuvent à leur gré suspendre ou modifier temporairement les lois qui régissent l'univers ; ils sont toujours prêts à venir en aide aux hommes moralement ou matériellement, aussi est-ce à eux que s'adressent toutes les prières quel que soit leur but.

1. Révata. — Sobhita. — Attadaçi. — Médankara, — Tanankara. — Dipankara. — Saranantara. — Konagâmma. — Huipassi. — Çivaka. — Sumanghala. — Pabhankara. — Kumarakassapa. — Kassapa (Kâçyapa). — Sumana. — Narada. — Kakuçanda. — Wessabuti. — Konagâmma. — Mahâgassépa. — Sarabhuti. — Padmotara. — Siki. — Gautama.

2. Les Bouddhistes du Nord affirment qu'il existe dans l'univers des milliers de mondes et que chacun peut avoir son Bouddha.

Les Bodhisattvas sont parvenus à un degré de perfection tel qu'ils ne peuvent plus décheoir ; leur dernière incarnation n'est plus qu'une formalité, pénible à la vérité, à accomplir pour se dégager entièrement des liens de la matière et devenir ou Pratyéka ou Bouddha parfait. Mais il n'en va pas de même pour les dieux. Quel que soit le rang auquel ils sont arrivés, ceux-ci reprennent la forme humaine avec tous ses inconvénients, toutes ses misères et toutes ses passions ; soumis au Karma des existences précédentes, ils n'ont pas même le privilège du ressouvenir et de l'expérience chèrement acquise ; ils peuvent démériter jusqu'au point de renaître dans les conditions animales ou même de tomber dans les enfers. La récompense de leurs mérites religieux et de leurs vertus sera la réintégration dans leur rang divin, ou, s'ils ont été parfaits, l'accession à la condition de Bodhisattva.

Les dieux forment des classes nombreuses possédant plus ou moins de puissance, jouissant d'un bonheur plus ou moins grand suivant les mérites qu'ils ont acquis. En premier lieu viennent les *Brahmás,* présidés par le grand Brahmà, habitant le ciel Brahmaloka ; puis les *Indras* ou *Trayastrimçats*[1] gouvernés par le grand Indra ou Çakra, qui ont pour séjour le Svarga ; les *Tridivas,* les *Nirmáṇavatís*, les *Parinirmáṇavatis*, etc., qui se meuvent dans la *région de la forme.* Les *Grands Rois* (Mahârâjas) gardiens des points cardinaux et des quartiers

1. « Trente-trois (dieux) », ainsi nommés parce qu'ils comprennent dans leurs rangs les trente-trois grandes divinités du Bràhmanisme.

du monde, les *Yamas*, les *Gandharvas*, et nombre
d'autres moins importants vivent dans la *région du
désir*. Tous ont pour mission de protéger et de propa-
ger la foi bouddhique, de veiller au bon fonctionne-
ment de la machine du monde, de garder les hommes
et les êtres animés contre les tentatives des démons.

Sous le nom de démons qui correspond plutôt au
δαιμῶν des Grecs qu'au démon des traditions sémitiques, les Aryas, bràhmanes et bouddhistes, réu-
nissent une foule d'êtres ou d'esprits très différents
les uns des autres.

Les uns habitent l'atmosphère, ou bien les pentes
du mont Mérou, sont tout dévoués à la religion
bouddhique, supérieurs aux hommes ordinaires (les
religieux ont pouvoir sur eux) et généralement
bienveillants, au moins pour ceux qui les propicient
par quelques sacrifices : tels les *Asouras*, les *Yakshas*, les *Nâgas* [1], etc. Pour plus de clarté, nous
les qualifierons de génies. Les autres résident dans
le monde inférieur, sont considérés comme de véritables démons s'ingéniant à tourmenter les hommes et à les détourner de leurs devoirs, ou bien
comme des êtres lamentables subissant les tourments de l'enfer, ou des âmes en peine errant dans
le monde terrestre ; de ce nombre sont les *Râkshasas* ou Ogres, les *Bhûtas*, spectres, revenants,

1. Très souvent le terme *Asoura* est pris dans le sens de
démon malfaisant, ou bien s'applique aux génies et aux démons en général; mais il paraît plutôt désigner les génies
supérieurs aux hommes.

Les *Nâgas* sont des génies-serpents, d'une intelligence
supérieure à celle du genre humain au point de vue métaphysique, et généralement bienveillants. On les place cependant
quelquefois parmi les habitants du monde inférieur.

vampires et goules, les *Kumbhandas,* gnômes difformes et malfaisants, les *Piçatchas,* les *Prétas*
toujours affamés et les malheureux habitants des
effroyables séjours de l'enfer. Nous aurons tout à
l'heure l'occasion de reparler de ces catégories
d'êtres à propos des châtiments réservés aux actes
criminels.

Le Dogme des Quatre Vérités Excellentes.

C'est donc dans cet ensemble des dix mondes et
dans les diverses conditions que nous venons d'énu-
mérer que l'âme (quelque nature qu'on lui prête)
soumise au Karma doit effectuer ses éternelles
transmigrations et subir sans trêve les maux inhé-
rents à l'existence. Elle n'a qu'un seul moyen de
se soustraire à ce supplice [1] : se délivrer de l'obligation de renaître en détruisant les causes mêmes
de l'existence. Mais comment y parvenir?

Par la dévotion et les austérités religieuses, disent les Brâhmanes orthodoxes et les Védàntins;
par l'abstention de tout acte et même de toute
pensée, prétendent les disciples du Sàṇkhya ; *par
la science,* affirme le Bouddha!

Ce principe est le fond de sa doctrine, on peut
même dire que c'est sa doctrine tout entière. Il y
revient sans cesse, le tourne et le retourne de
toutes façons, le présente sous toutes les formes
possibles, l'expose à toute occasion pour en bien

---

1. Le suicide ne remédie à rien, puisqu'il est suivi d'une
nouvelle vie qui peut être plus malheureuse encore. Il est
d'ailleurs considéré comme un des grands crimes.

imprégner son auditoire [1]. C'est ce qu'on appelle le dogme des « quatre vérités excellentes » *Arya-Satiâni*, qui est généralement formulé dans les livres bouddhiques sous cette forme très simple, mais passablement incompréhensible : la douleur, l'origine de la douleur, l'empêchement ou la destruction de la douleur, et la *Voie* qui conduit à l'empêchement de la douleur [2]. Cette hantise du mal, sous la forme de la douleur, nous la trouvons dans toute la philosophie indoue, même dès son origine, et, dans le Bouddhisme, elle se révèle clairement par le récit des quatre apparitions, ou rencontres, d'un vieillard, d'un malade, d'un cadavre, et enfin d'un religieux resplendissant du calme que donne le détachement du monde. Le dogme des *quatre vérités* peut donc s'exposer ainsi : Tout dans le monde est douleur, ou mal ; la douleur est inséparable de l'existence ; en supprimant l'existence, on supprimera la douleur ; le Sage a trouvé et enseigne le moyen (ou la voie) de supprimer la douleur.

La nature de la Douleur est parfaitement expo-

1. Suivant quelques auteurs, cette insistance à revenir sur ce dogme serait l'origine de l'expression « Tourner la Roue » qui s'applique à l'acte d'exposer la loi ; de là viendrait aussi l'usage de la Roue comme symbole bouddhique. Cela peut être. Cependant nous ne devons pas oublier que la Roue est un symbole solaire, et peut se rattacher, comme le *Svastika,* à un mythe antique greffé sur la légende du Bouddha.

2. P. E, Foucaux : *Lalita Vistara.* (*Annales du Musée Guimet,* VI, pp. 289 et 346.) — Léon Feer : *Fragments du Kandjour.* (*Ann. du M. G.,* V, p. 122.) — Sir Monier Williams : *Buddhism,* p. 103. — H. Oldenberg : *Buddha, sein Leben,* etc. p. 213.

sée dans le passage suivant du Lalita Vistara [1] :

« Et là, qu'est-ce que c'est que la Douleur ? C'est la naissance même qui est la douleur ; la vieillesse même, la maladie même, la mort même, la séparation même d'avec ce qu'on aime et l'union avec ce que l'on n'aime pas ; voilà la douleur. Ce qu'on désire et qu'on n'obtient pas en le recherchant avec ardeur, cela même est la douleur. En un mot, l'objet même des cinq prises (de possession par les sens) étant douleur, c'est ce qu'on appelle la douleur. »

Quelle est l'origine ou la cause de la Douleur? C'est, nous disent les écritures bouddhiques, la *naissance (Jâti)* puisque la maladie, le chagrin, la décrépitude, la vieillesse et la mort sont ses conséquences fatales ; elle-même a pour cause l'*existence,* ou plus exactement la *Continuité du devenir (Bhava);* l'existence découle de l'*attachement à la vie (Upadâna);* celui-ci naît du désir (*Trishnâ);* le désir de la sensation (*Védanâ);* la sensation a pour origine le contact, ou le toucher *(Sparça);* le toucher est produit par les six organes des sens [2] *(Chadâyatana);* les six organes des sens naissent de l'existence individuelle, (*Nâmarûpa* littéralement le nom et la forme) qui provient elle-même de la conscience d'être *(Vijñâna);* la conscience est le produit des concepts *(Samskaras);* et ceux-ci sont le fruit de l'ignorance (*Avidya).* C'est là ce qu'on appelle l'*Enchaînement des Causes* ou Nidâna.

1. P.-E. Foucaux : *Lalita Vistara,* Ann. du M. G. VI, p. 236.

2. La peau (toucher); l'œil (vue); la bouche (goût); le nez (odorat); l'oreille (ouïe); l'esprit ou l'entendement.

L'enchaînement des causes du mal étant connu, le remède est évident. Si l'on supprime l'ignorance, on fait disparaître les causes du mal qui toutes en découlent. Le remède à appliquer contre le mal c'est l'opposé de l'ignorance, c'est la science. Cette science, le Bouddha l'expose en ces termes :

« Et là, quelle est la voie qui conduit à l'empêchement de la douleur? C'est la vénérable voie même, composée de huit parties, telles que : la vue parfaite (orthodoxie ou bon jugement qui dissipe tous les doutes); la parole parfaite (bonnes pensées et bons discours) ; la fin de l'œuvre parfaite (garder dans toute action un but pur et honnête); la manière de vivre parfaite (gagner sa vie honnêtement sans s'exposer à la souillure du péché); l'application parfaite (direction de l'intelligence en vue du salut); la mémoire parfaite ; la contemplation (ou méditation) parfaite [1]. » Dans ces huit parties, ou chemins, sont renfermées toute la morale et toute la discipline bouddhique, comprenant : la charité, la moralité, la patience, l'application, la méditation, la sincérité, la mémoire, l'analyse de la loi, l'énergie dans la bonne conduite, la joie ou la satisfaction de l'âme qui se sait dans la bonne voie, le repos absolu de l'esprit, l'extase, et l'indifférence pour les choses du monde.

Méditation.

Donc, la doctrine de Çàkya-Mouni nous met en présence de deux états de l'âme : *l'ignorance,*

1. P.-E. Foucaux : *Lalita Vistara*, Ann. du M. G. VI, p. 316.

cause de tous les maux, et son antidote, la *science*.
On a beaucoup discuté sur ces deux termes. Que faut-
il entendre par l'*ignorance ?*

Évidemment ce n'est pas ce que représente pour
nous ce mot pris dans son acception générale ;
l'homme le plus instruit, le savant le plus illustre
peut être un profond ignorant au point de vue bouddhique. C'est une ignorance spéciale, dogmatique :
l'incapacité de comprendre la loi de l'enchaînement
des causes, les conséquences de cet enchaînement
et les moyens sûrs d'y mettre fin ; ignorance involon-
taire de la part de celui qui n'a pas eu le bonheur
d'entendre l'exposé de la loi ; ignorance volontaire,
et par conséquent d'autant plus coupable, de la part
de celui qui, abusé par de fausses doctrines, ferme
son esprit et son cœur à cet enseignement.

La *Science*, qui lui est opposée, est la compréhen-
sion parfaite des misères du monde, de sa vanité,
de son impermanence, de la nécessité pour le sage
de se dégager des liens qui le retiennent dans le
cercle de la transmigration, et des voies qui lui
permettront de s'échapper de ce labyrinthe de
douleurs.

Cette science n'est pas révélée, bien qu'elle soit
unique et éternelle. Comme les nombreux Bouddhas
ses devanciers, Çàkya-Mouni l'a trouvée de lui-
même et en lui-même, dans son profond amour de
l'humanité, dans sa passion de la délivrer du mal ;
c'est le résultat de ses sept années de méditation
dans la solitude d'Uruvilva, et de ses quarante-neuf
jours d'extase au pied de l'arbre Bo. Aussi la *médi-*
tation est-elle la condition première et indispensable pour atteindre au salut. La loi enseignée par

le Maître, et répétée après lui par ses disciples, est un guide sûr, mais ce n'est qu'un guide. Il ne suffit pas de l'entendre, il faut la comprendre, pénétrer le sens souvent obscur de ses formules [1], méditer chacun de ses points jusqu'à ce que la lumière soit faite complète, éclatante. Inévitablement cette méditation comporte des degrés divers, depuis celle qui suffit juste à faire entrevoir les premières vérités indispensables, jusqu'à l'extase qui rend le saint indépendant de toutes les lois du monde matériel. Ces divers degrés de la méditation abstraite, *Dhyâna*, sont :

1° *Pathamajjhânam*, premier degré de méditation ;

2° *Akâçanancayatanam*, conception de l'infini de l'espace ;

3° *Viññanañcayatanam*, conception de l'infini de l'intelligence ;

4° *Akiñçaññâyatanam*, conception de la non-entité absolue ;

5° *Samâdhi*, état de méditation transcendante dans lequel cessent toute sensation et toute perception des idées. Généralement on comprend sous le nom de Samâdhi, tous les états de méditation transcendante [2].

Doctrine du Vide.

Le Dogme des Quatre vérités, et les Douze Nidânas qui lui servent de complément, font, comme

1. Celui-là est indigne de voir la vérité qui ne peut ou ne veut prendre la peine de la chercher.
2. Sir Monier Williams : *Buddhism*, p. 233.

on vient de le voir, de l'ignorance originelle la cause de tous les maux qui désolent le monde, l'obstacle éternel au bonheur parfait dans la béatitude du repos absolu et du non-être.

Cette proposition nous étonne, au premier abord, nous autres Européens; et pourtant qui songerait sérieusement, parmi nous, à nier l'influence de l'instruction et surtout de l'éducation sur les instincts et sur le caractère des individus, leur action sur les sociétés, les immenses progrès, au point de vue général de l'humanité, accomplis par le développement de la science? seulement, il ne nous vient que difficilement à l'idée que cette science, si développée qu'on la suppose, puisse agir d'une façon quelconque sur la durée et l'existence même du monde. Pour comprendre cet axiome du bouddhisme, nous sommes obligés de faire un effort d'imagination et de penser, un moment, en véritables bouddhistes, en croyants à la loi du Karma.

L'ignorance, dont parle le Bouddha, est surtout doctrinale. C'est l'erreur en ce qui concerne la véritable nature du monde; erreur qui fait que l'homme s'y attache, le prend au sérieux, y cherche ses satisfactions et son bonheur, faute de savoir que tout cet univers n'est qu'une combinaison décevante de composés, d'agrégations passagères des cinq éléments, sans durée, sans réalité, pure apparence, ne méritant pas qu'on s'y attache même un instant. Par contre, la science montre à l'homme le monde sous son véritable aspect, l'en dégoûte et lui prouve la nécessité de s'en détacher pour échapper à la fatalité du Karma. Cette connaissance de la véritable nature du monde est renfermée dans ce qu'on appelle habituellement : la doctrine du *Vide*.

Cette doctrine est exposée de la façon la plus explicite dans le Sûtra de l'école Mahâyâna intitulé *Prajñâ Pâramitâ Hṛidaya*, ou Cœur de la Science Transcendante. On a tiré de ce document des conséquences tellement importantes que nous croyons devoir le reproduire presque *in extenso* [1]. Le Sûtra en question est un exposé doctrinal fait, en présence du Bouddha, par le Bodhisattva Avalokitêçvara [2] au sage Çàripoutra [3] (Çàriputra) qui lui demandait ce qu'il fallait enseigner aux disciples avides d'être initiés à la Science Transcendante.

« Çàripoutra, le fils ou la fille de famille qui a le désir d'être versé dans cette profonde science transcendante doit apprendre ceci : c'est que les cinq *Skandhas* sont vides par leur nature propre. Comment sont-ils vides par leur propre nature? La forme est précisément le vide, et le vide est précisément la forme. La forme n'est pas distincte du vide et le vide n'est pas distinct de la forme. Il en est de même de la perception, de la conscience, des *Samskaras* [4], de la discrimination. C'est ainsi, Çàripoutra, que toutes les lois sont le vide de leur propre nature, n'ayant pas des signes distinctifs, n'étant sujettes ni à la naissance, ni à la produc-

1. La traduction de ce Sûtra est tirée de l'ouvrage de M. Léon Feer : *Fragments traduits du Kandjour*, p. 176.

2. Personnage imaginaire qui personnifie la charité et la grâce divine.

3. Çàriputra est un des principaux disciples de Çàkya-Mouni, et l'un de ses interlocuteurs habituels.

4. Composés des éléments.

tion, ni à l'obstruction, ni à la souillure, ni à l'exemption de la souillure, ni à la diminution, ni au parfait accomplissement. »

« Par conséquent, Çàripoutra, dans le vide il n'y a ni forme, ni perception, ni conscience, ni Samskaras, ni discrimination, ni œil, ni oreilles, ni nez, ni langue, ni corps, ni esprit [1], ni forme, ni son, ni odeur, ni saveur, ni toucher, ni élément de l'œil, ni élément de l'esprit, ni élément de la discrimination de l'esprit. »

« D'où il suit qu'il n'y a ni ignorance, ni destruction de l'ignorance, ni vieillesse, ni mort, ni destruction de la vieillesse et de la mort; il n'y a ni douleur, ni origine, ni empêchement, ni voie, ni connaissance, ni obtention, ni non-obtention. »

« En conséquence, Çàripoutra, puisqu'il n'y a (pour les Bodhisattvas) ni obtention, ni non-obtention, c'est en se réfugiant dans la Prajñà Pàramità et en s'y tenant, que l'esprit n'ayant plus de support, étant exempt de frayeur, supérieur à toute transgression, obtient le Nirvàna. C'est en se tenant fermes (sur ce terrain) que (dans les trois périodes) les parfaits et accomplis Bouddhas, réfugiés dans la Prajñà Pàramità, ont obtenu la Bodhi parfaite et accomplie au-dessus de laquelle il n'y en a pas. »

« En conséquence, Çàripoutra, il faut apprendre le *mantra* [2] de la Prajñà-pàramità, le mantra de la science, le mantra sans supérieur, le mantra égal et sans égal, le mantra qui calme toutes les

---

1. Les six organes des sens.
2. Formule à laquelle on ne doit rien changer.

douleurs, le mantra efficacement et non vainement approprié à la Prajñā-pàramità, savoir : *Gaté, Gaté, Pârangaté, Pârasangaté, Bodhisvàha*. Voilà, Çàri-poutra, comment le Bodhisattva Mahàsattva doit prendre son refuge dans la Prajñā-pàramita. »

Si nous le prenons à la lettre, c'est un Nihilisme absolu que prêche ce Sûtra et il suffit amplement à justifier la qualification de « Religion du vide » donnée au Bouddhisme ; car il ne laisse plus rien subsister, pas même le dogme des Quatre Vérités, ce principe fondamental de son *Credo*. Mais som-mes-nous certains qu'il représente bien fidèlement le véritable enseignement du Bouddha? Non seule-ment il est permis d'en douter [1], mais on peut même affirmer, presque à coup sûr, que ce n'est qu'une exagération de cet enseignement mal com-pris et dénaturé.

Nous remarquons, en effet, tout d'abord qu'il n'appartient pas au canon Pàli, considéré générale-ment comme le plus conforme aux véritables doctrines du Maître ; il fait partie du canon Sanskrit de l'École Mahàyàna qui a introduit le mysticisme et l'ésotérisme, plusieurs siècles après la mort de Çàkya-Mouni, dans le Bouddhisme primitif. Ensuite, il est facile de reconnaître qu'il est empreint d'une exagération fort opposée aux doctrines pratiques du grand sage.

Peut-être (c'est une explication que nous nous permettons de proposer), n'y a-t-il au fond qu'une erreur traditionnelle sur le sens du mot *Vide* (Çûnya)? Si, au lieu de traduire ce mot par *Vide*,

<hr>

1. A. Barth. : *Rel. de l'Inde, Encycl. des Sc, Rel.* VI, p. 562.

on adopte le sens que lui donne Sir Monier Williams [1] dans sa description du Nirvâna, celui d'*Espace sans limites*, ou d'*Infini*, l'idée nihiliste disparaît, et au lieu de cette proposition absurde que rien n'existe que le vide (ce qui revient à dire qu'il n'y a absolument rien dans l'univers), nous trouvons cette autre idée, parfaitement claire et raisonnable, que dans l'*Infini* (où vivent les Bouddhas et les Bodhisattvas, car c'est d'eux qu'il s'agit en ce Sûtra) il n'y a ni forme, ni sens, ni naissance, ni vieillesse, ni mort, etc. Cette interprétation a l'avantage de rentrer dans l'esprit général des enseignements du Bouddha, quoique, il faut bien l'avouer, ce soit le sens de *Vide absolu* qui est adopté par toutes les sectes mystiques du Bouddhisme contemporain.

Dans de nombreuses circonstances, Çàkya-Mouni prend, pour sujet de ses instructions, le *Vide* du monde; mais, partout, il faut entendre, croyons-nous, la vanité, l'inanité, la non-durée, et par là la non-existence des objets visibles et tangibles en tant que substance. Le monde, dit-il habituellement, n'est qu'un agrégat de composés qui perpétuellement se désagrègent et se recomposent de nouveau, qui n'ont ni réalité, ni durée (en tant que nature propre); or tout composé est périssable dans ses parties et dans son tout, par conséquent le monde, composé de composés, est sans stabilité,

---

1. *Buddhism* pp. 141-142. « The Buddha himself evaded dogmatic définitions (of Pari-Nirvàna), and would probably have said : — It is not life, neither is it non-life; it may be compared to Infinite Space, *Çûnya*, which is not to be comprehended or explained. »

sans réalité, sans durée, périssable, et s'attacher à une chose éternellement changeante et périssable, est aussi insensé que de vouloir conserver une bulle d'eau.

Cette idée est visiblement exprimée dans ces vers qui, pourtant, terminent l'un des Sûtras où la doctrine du *Vide* est le plus énergiquement et catégoriquement exprimée :

« Tout étant semblable à l'écume,

« Semblable à une bulle d'eau, sans essence,

« Sans permanence, sans moi,

« Identique à une illusion, à un trompe l'œil ;

« Celui qui est ramassé sur soi comme une masse,

« Rempli par les affaires du monde,

« La convoitise, la haine,

« Celui-là est un homme qui s'attache à l'illusion.

« Comme pour une tache dans une maladie

« On n'y prend garde un seul instant,

« Et, si l'on considère la Prajñâ pâramitâ,

« On ne rassemble pas pour elle de la même façon les forces de l'intelligence.

« On rit constamment, on joue,

« On parle mélodie, musique,

« Tous ces biens sur lesquels on se repose,

« Tout ce qui est accumulé par les êtres corporels,

« Tout cela est identique à un songe ;

« Si l'esprit en raisonne comme d'un rêve,

« L'esprit aussi est semblable au ciel.

« Celui qui médite constamment cette règle,

« La règle de la Prajñâ-pâramitâ,

« Celui qui médite constamment ceci,

« Affranchi de toutes les substances,

« Obtiendra le rang excellent,

« Qui est la Bodhî parfaite au-dessus de laquelle il n'y a rien,

« Méditée par tous les Bouddhas avec un soin particulier.

« S'il la saisit par la méditation,

« Il obtiendra le fruit du Grand-Véhicule [1]. »

Au fond, dans ce Sûtra où le terme de *Vide* est appliqué intentionnellement à toute espèce de choses, il est facile de comprendre qu'il n'est nullement question de la non-existence absolue de la substance. Tout est *vide*, dit-il, dans le monde des dieux, dans celui d'Indra, dans les demeures affectées à tous les êtres imaginables, parce que tout, dans ces mondes, est continuellement sujet au changement; le bonheur le plus complet n'y peut durer; les êtres qui les habitent sont soumis à la renaissance dans d'autres conditions où il leur faudra perdre tous les avantages dont ils jouissent; la stabilité, la permanence, la durée infinie n'existent que dans la Bodhi qui consiste dans le renoncement au monde par suite de la conception même de cette universalité du vide, et qui amène à cet état indéfinissable du Nirvâna, condition des Bouddhas, Êtres sans substance, sans passions, chez qui tout est détruit, même la possibilité de renaître s'ils le désiraient. Les cieux et les mondes divers dont on parle existent matériellement (du moins rien ne prouve le contraire), mais n'ont, pour le sage, aucune réalité puisque, partout, tout est péris-

---

1. Nairàtma-paripriccha ; Léon Feer : *Fragments du Kand-jour*, p. 180.

sable et qu'il ne peut s'attacher qu'à ce qui est éternel.

Qu'on remplace le mot *Vide* par *Vanité* ou *Inanité* et le sens du Sûtra restera toujours le même, avec l'apparence d'une absurdité en moins.

Si la non-existence du monde visible et tangible avait été article de foi pour le Bouddha, il l'eût, incontestablement, étendue au corps humain, formé comme tout le reste de composés. Or, il nous dit que notre corps ne mérite pas qu'on s'y attache parce qu'il est sujet aux maladies, aux souffrances, à la vieillesse, à la mort et à la repoussante décomposition finale; il le compare volontiers à un amas d'ordures, d'excréments; il saisit toutes les occasions de rappeler à ses disciples le peu de cas qu'il faut faire des avantages corporels; mais jamais il n'avance cette opinion, que l'expérience eut trop facilement démentie, que le corps n'existe pas, qu'il est un pur effet de notre imagination. L'épisode, bien connu, de la mort de Çrimatî peut nous servir d'exemple de la façon dont Çâkya-Mouni présentait ces enseignements en y joignant, chaque fois qu'il le pouvait, la leçon frappante des choses.

Alors que le Bouddha se trouvait avec la confrérie dans la capitale du roi Bimbisâra, il y avait en cette ville une courtisane célèbre pour sa merveilleuse beauté. Très charitable elle faisait de riches aumônes aux Bhikshous et le Maître ne voyait pas sans mécontentement l'impression que ses charmes avaient produite sur nombre de ses disciples. Elle Mourût presque subitement. Çâkya-mouni, accompagné du roi, mena ses disciples voir le cadavre

qui déjà tombait en putréfaction. « Quel est cet
objet repoussant, livide et raide, demanda-t-il? —
C'est le cadavre de Çrimatî, répondit le roi. — Voilà
donc cette jeune femme dont les faveurs d'une
seule nuit se payaient au prix d'une fortune! Qui
la voudrait maintenant même pour une obole? —
Puis se tournant vers ses disciples, il reprit : —
Vous voyez devant vous cette Çrimatî si célèbre
pour sa beauté. Que reste-t-il de ses charmes qui
ont séduit tant de gens? Tout passe en ce monde?
Tout est vanité! »

Le Non-Moi.

Le corollaire naturel de cette théorie de l'inanité
et de l'impermanence du monde est l'indépendance
absolue du *Moi,* ou de l'âme, par rapport à son
corps, c'est-à-dire la matière qui l'enveloppe et à
laquelle il est essentiellement étranger. Cette idée
est, en effet, un des thèmes favoris du Bouddha ;
elle fait le sujet de l'un des premiers sermons qu'on
lui prête, sa seconde prédication aux cinq anacho-
rètes d'Uruvilva. Malheureusement tous les textes
qui traitent de cette question sont d'une obscurité
désespérante, et il est très difficile de démêler si
l'existence du *Moi* est admise par le Bouddhisme,
ou s'il faut prendre l'expression de *Non-Moi* dans
son sens absolu, c'est-à-dire comme la négation
complète d'une âme ou d'un esprit personnel; chaque être périssant tout entier au moment de la dissolution des éléments qui le composent. Il faut bien
le reconnaître, la plupart des auteurs qui ont traité

du Bouddhisme tendent à admettre la non-existence du *Moi* comme un de ses dogmes fondamentaux ; le *Tanha* « désir de vivre », l'*Upâdâna* « attachement à la vie » et le *Karma* étant les seules causes de la naissance d'un nouvel être, tout à fait distinct, du premier, mais en qui le mort revit pour recevoir la récompense ou le châtiment des actes qu'il a commis dans l'existence écoulée [1].

Ici encore, il est permis de douter que les documents connus représentent bien la véritable opinion de Çàkya-Mouni, car ainsi que le dit M. Barth [2] : « D'une part, les livres sanskrits du nord paraissent admettre quelque chose de permanent, un *Moi*, passant d'une existence à une autre ; d'autre part, on ne s'expliquerait guère, ce semble, que le Bouddhisme, non content de faire accepter le néant comme le souverain bien, eût, dès l'origine, rendu sa tàche plus difficile encore en faisant, de la poursuite de ce bien un pur acte de charité. »

En effet, si l'on prend le *Non-Moi* dans son sens absolu, si on l'interprète comme la négation de toute âme ou de tout esprit survivant à la destruction du corps matériel, la formation — par l'action du *tanha*, de l'*upâdâna* et du *karma* — d'un nouvel être souffrant ou récompensé pour un autre être qui lui est complètement étranger devient une énormité incompréhensible, une injustice flagrante bien autrement grave, que notre idée de responsabilité héréditaire qui, au moins, ne s'exerce que

---

1. A. Barth : *Religions de l'Inde ;* Encycl. des Sc. rel., t. VI, p. 561. — Sir Monier Villiams : *Buddhism*, pp. 102 et 109. — C'est aussi l'opinion exprimée par Schoppenhauer.

2. *Id., Rel. de l'Inde ;* Encycl des Sc. rel., t. VI, p. 562.

dans le cercle restreint de la famille, une inconséquence inexplicable étant donnés les dogmes les plus connus du Bouddhisme, ses principes de justice et son sentiment de la responsabilité personnelle, et dont la conception étrangement compliquée paraît tout ce qu'il y a de plus opposé à la simplicité de ses doctrines philosophiques. Une idée semblable n'a pu germer que dans le cerveau surchauffé de métaphysiciens exaltés par des spéculations poussées à l'extrême. Si la mort détruit entièrement l'individu quelle est donc la responsabilité qui peut atteindre le néant?

De plus, si nous acceptons ce dogme, à la lettre, comme faisant partie du véritable enseignement de Çàkya-Mouni, que deviennent les Bouddhas ses prédécesseurs? Que devient-il lui-même? Le *Tanha,* l'*Upâdâna* et le *Karma* étant détruits chez eux, ils sont donc réduits au néant absolu! C'est, dit-on, la doctrine enseignée par l'école du Sud [1]. Alors, pourquoi leur rend-on un culte? Qu'on rappelle leurs vertus; qu'on les cite pour modèles; très bien! Mais pourquoi les prier s'ils ne sont plus rien, s'ils ne peuvent plus rien? Et cependant ce culte existe, plus ou moins développé, à Ceylan, à Siam, en Birmanie, où les Bouddhas jouent le rôle de véritables dieux aussi bien qu'au Tibet, en Chine et au Japon. Il y a là une inconséquence étrange.

Au surplus, ce n'est pas le lieu, ici, de nous lancer

1. Un prêtre bouddhiste de Ceylan, M. Lewis da Sylva, que l'auteur a personnellement connu, affirmait au contraire la persistance de la personnalité dans le Nirvâna et l'efficacité de l'action perpétuelle des Bouddhas passés sur la marche du monde.

dans une controverse inextricable ; cherchons plutôt à démêler ce que le Bouddhisme, et surtout Çàkya-Mouni ont pu entendre par le terme de *Non-Moi*.

Le Sûtra intitulé *Nairâtma paripriccha*, dont nous avons déjà cité quelques vers à propos de la doctrine du Vide, met en scène un groupe de Tîrthikas (infidèles, hérétiques) discutant avec les disciples du Bouddha la question de l'existence ou de la non-existence du *Moi*. Les premiers en affirment l'existence en vertu de la production d'une série de phénomènes humains qui seraient inexplicables sans cela, tels que : l'affection, la haine, la joie, le chagrin, la colère, l'orgueil, l'envie, etc. Les Bouddhistes répondent, d'une façon singulièrement jésuitique, qu'il est aussi faux d'affirmer qu'il existe que de dire qu'il n'existe pas. C'est affaire de point de vue : il existe pour l'œil de la chair ; il n'existe pas pour l'œil divin. Puis, naturellement, ils profitent de l'occasion pour faire un exposé de leur doctrine où nous lisons : « Il faut apprendre (ces deux choses) : le *vide* et le *sens vrai*. Ainsi, quand on dit : le vide, il faut dire ceci est *moi*, ceci est autre (que moi) ; le principe vital, l'homme, la personnalité, l'agent, celui qui perçoit, la richesse, les enfants, les épouses, les amis, les parents et tout le reste, si on les examine, ne sont que le vide. »

« Or, celui pour qui il n'y a ni *Moi*, ni *Non-Moi*, ni principe vital, ni sujet percevant, ni richesse, ni fils, ni épouses, ni amis, ni parents, etc, il faut dire de lui qu'il possède le *sens vrai*[1]. »

---

1. Nairâtma-paripriccha ; Léon Feer : *Fragm. trad. du Kandjour*, p. 180.

Et pour expliquer complètement leur pensée, ils continuent par ces vers :

« Il y a le *vide* et le *sens vrai ;*

« Il faut faire cette distinction.

« Le *Vide* est la loi du monde ;

« Le *Sens vrai* dépasse le monde.

« L'Être entré dans la loi du monde,

« Devient supérieur à la souillure.

« Celui qui n'a aucune connaissance du sens vrai

« Tournera longtemps dans le cercle.

« Ceux à qui les lois du monde du vide

« Sont complètement inconnues peuvent cher cher ;

« Ils ont beau chercher,

« La déchéance les atteint et ils savourent la douleur.

« Comme des gens du commun,

« Des enfants étrangers à la délivrance,

« Ils éprouvent des douleurs inépuisables,

« Ils les savourent en grand nombre.

« Celui qui ne connaît pas le sens vrai

« Lequel (seul) peut empêcher l'existence,

« S'il parvient à arrêter la naissance,

« Va et vient sans naissance.

« L'insensé qui réside dans les lois du monde

« Tourne comme une roue ;

« Dans le cercle qui est le siège de la douleur.

« Il tournera à perpétuité.

« Comme le soleil et la lune

« Vont et viennent alternativement,

« Ainsi, changeant de place dans l'existence,

« Les êtres vont et viennent alternativement.

« Ce qui tourne ne dure pas

« Et est sans fixité ; en un mot c'est la ruine même,

« Aussi celui qui ne connaît pas le sens vrai

« Rejette le vide, siège de la vérité.

« Du lieu du Svarga des dieux,

« Les Asuras et les Gandharvas

« Vont et viennent en tous (lieux) ;

« Tout est vide (tel) est le fruit à recueillir.

« Les êtres actifs (par excellence), les dieux

« Qui résident dans le lieu où se produisent les qualités

« Transmigrent du ciel et tombent plus bas ;

« Tout est vide (tel) est le fruit (à recueillir).

« Il en est de même de cette royauté universelle d'Indra.

« Celui qui a obtenu la bonne place

« Y rentrera après être né parmi les animaux.

« Tout est vide (tel) est le fruit (à recueillir).

« Aussi rejetant les bonnes qualités

« Des dieux du Svarga,

« L'esprit de Bodhî resplendissant

« Par le Yoga, s'applique à s'élargir sans cesse.

« Point de substance, point d'idée,

« Rien que le vide, point de lieu,

« Élévation au-dessus des affaires du monde,

« Telles sont les caractéristiques de l'esprit de Bodhî.

« Sans rudesse et sans douceur,

« Ni froid, ni chaud,

« Sans contact, insaisissable,

« Telles sont les caractéristiques de l'esprit de Bodhî.

« Ni long, ni court,

« Ni rond, ni triangulaire,

« Ni fluet, ni épais,

« Telles sont les caractéristiques de l'esprit de Bodhî.

« Être bien élevé au-dessus des méditatifs (ordinaires),

« Être en dehors du terrain des Tîrthikas,

« Pratiquer la Prajñâ-pàramitâ,

« Telles sont les caractéristiques de l'esprit de Bodhî.

« N'avoir point de modèle,

« Ne point se livrer, être dans un lieu excellent,

« Être pur par sa propre nature,

« Telles sont les caractéristiques de l'esprit de Bodhî [1]. »

Or que trouvons-nous dans ce Sûtra émané, cependant, de l'école Mahâyâna mystique et par conséquent suspect d'exagérer et de pousser à l'extrême les dogmes anciens? Une description de l'état d'àme dans lequel doit se trouver le sage parfait, possesseur de l'état de Bodhî, pour qui le monde tout entier ne peut plus exister, absorbé qu'il est dans la contemplation vague de l'infini au point de ne même plus avoir d'existence propre consciente. Quant au *Moi*, son existence est-elle niée absolument? Non, quoique, au fond, on sente bien que c'est à cette conclusion que le Sûtra voudrait tendre sans oser ou sans pouvoir l'exprimer. Ce n'est que du Sage qu'il s'agit et pour lui le *Moi* ne doit pas plus exister que le monde, la famille, etc., toutes choses dont l'existence n'est pas contestée pour l'œil de la chair.

1. Nairâtma-paripriccha ; Léon Feer : *Frag. trad. du Kandjour*, p. 180. Voir la fin de ce Sûtra citée à la page 89.

Voilà pour la doctrine traditionnelle de l'école la plus répandue à l'heure actuelle dans tout l'Extrême Orient; voyons maintenant ce qu'est sur ce point, l'enseignement même du Maître.

Quand Çàkya-Mouni, devenu Bouddha parfait, se décida à prêcher la loi, il choisit, on s'en rappelle, pour premiers auditeurs ses cinq anciens condisciples d'Uruvilva qui s'étaient retirés, à cette époque, à Bénarès, dans le Bois des Gazelles. Leur conversion donna lieu à deux prédications : la première comprend l'exposé du dogme fondamental des Quatre Vérités et de l'Enchaînement des Douze causes ; la seconde traite précisément de la question du *Non-Moi*. Dans ce sermon, qui passe pour l'un des plus authentiques parmi ceux qu'on lui prête, le Bouddha établit que la Forme, la Sensation, la Perception, la Combinaison et la Distinction des idées, ne sont pas le *Moi ;* qu'elles en sont absolument distinctes par leur nature impermanente, et parce qu'elles échappent à l'action de la volonté ; le *Moi* ne pouvant pas faire que la Forme, la Sensation, la Perception, etc, soient ou ne soient pas ce qu'elles sont, qu'elles se modifient à sa guise.

« En conséquence, Bhikshous, tout ce qui est forme, qu'il soit passé, présent, ou futur, intérieur ou extérieur, épais ou ténu, bas ou pur, loin ou près, rien de tout cela n'est moi ; je ne suis rien de tout cela ; rien de tout cela n'est mon *Moi*. Voilà ce que doit considérer celui qui a la connaissance parfaite (ou Bodhî). »

« Semblablement, Bhikshous, tout ce qui est sensation, tout ce qui est perception, tout ce qui est combinaison des idées, tout ce qui est distinction

des idées, tout autant qu'il y en a, présent, passé,
ou futur, etc., rien de tout cela n'est le *Moi;* je ne
suis rien de tout cela ; rien de tout cela n'est moi.
Ainsi doit juger celui qui a la connaissance parfaite. »

« Ainsi, Bhikshous, un Arya qui a bien entendu
la loi devra dire : cette réunion de cinq éléments [1]
que j'ai reçue, je vois bien qu'ils ne sont pas de
moi. Puisque j'ai cette vue, je ne dois pas accepter
le monde, si je n'accepte pas le monde je n'ai absolument plus de passion ; je suis dans le Nirvâna
complet. La naissance a péri pour moi ; je me
repose sur le Brâhmacàrya [2] ; j'ai fait ce que j'avais
à faire ; je ne connais pas d'autre naissance que
celle-ci [3]. »

La conclusion que l'on peut tirer de cet enseignement c'est que Çàkya-Mouni ne nie pas l'existence
du *Moi*, il ne la met pas en cause et semble presque
la reconnaître implicitement par son insistance à
établir que la forme, la sensation, etc., c'est-à-dire
les qualités extérieures et intérieures, changeantes
et périssables du corps, lui sont entièrement étran-
gères. Il y aurait donc quelque chose de durable
différent de ces skandhas? La question reste forcément dans le doute puisque le Bouddha a toujours
évité de se prononcer sur ce point ; mais nous croyons qu'il devait admettre, très vaguement peut-
être, l'existence d'un moi ou d'une personnalité
responsable de ses actes. Ce qu'il nous parait sur-

---

1. Le corps.

2. Condition de Novice, étude de la science parfaite,
initiation.

3. Léon Feer : *Fragm. trad. du Kandjour*, p. 124.

tout combattre ici, comme il le fait du reste souvent, c'est ce sentiment égoïste « qui fait dire ceci est à moi » et amène à l'attachement aux choses du monde.

L'interprétation donnée, postérieurement à la mort de Çâkya-Mouni, à ces deux doctrines du *Vide* et du *Non-Moi* ne cadre pas avec la modération habituelle des enseignements bouddhistes, et peut-être, pourrait-on, sans trop de risques de se tromper, la remplacer par la notion de l'inanité, de la vanité, de la non-durée du monde, et par celle de l'indépendance du Moi, ou de la personnalité, d'avec les éléments plus ou moins matériels qui l'entourent.

Le Milieu ou la Voie moyenne.

La théorie du Karma, le dogme des Quatre Vérités, l'exposé de l'Enchaînement des causes, les doctrines du *Vide* et du *Non-Moi*, constituent le fond de la philosophie du Bouddhisme, ce qu'il est indispensable de connaître pour comprendre cette religion, abstraction faite de sa morale. Cependant, avant de passer à l'étude de ses dogmes et de ses préceptes moraux, nous avons encore à dire un mot d'une idée très philosophique et très pratique aussi, qui caractérise de la façon la plus heureuse l'esprit de modération de son fondateur.

A l'époque où parut le Bouddha, si nous en croyons ce que rapportent les écritures, la société était partagée en deux classes : d'un côté, les dévots se livrant, dans l'espoir d'arriver au salut, aux morti-

fications les plus pénibles, aux pénitences les plus
dures, aux jeûnes prolongés jusqu'au point d'amener quelquefois la mort; de l'autre, les indifférents
s'abandonnant sans frein à tous les débordements
des passions sensuelles. Le Bouddha lui-même
avait payé son tribut à la fièvre d'austérités, de
mortifications et de pénitences qui dévorait son
époque; mais il en avait vite reconnu l'inefficacité
et même le danger. Aussi, dès sa première prédication mettait-il ses auditeurs en garde contre les
excès de dévotion autant que contre les excès de
sensualité. « Il y a deux extrêmes que le Sage doit
également éviter, leur dit-il; car celui qui se livre
au bien-être et aux plaisirs des sens est un être bas
et vulgaire et perdra toute considération; et d'un
autre côté celui qui s'applique à tourmenter son
corps, n'en retire que de la souffrance, perd la
considération de ses concitoyens, et s'éloigne du
salut qu'il prétend chercher. La voie qui conduit
au salut est la *voie moyenne* également éloignée de
l'extrême du vice et de l'extrême des mortifications religieuses [1]. » La modération en tout doit
être la règle immuable du sage bouddhiste; sans
elle point de salut possible même par la pratique
de toutes les dévotions et de toutes les vertus. Ce
principe est tellement affirmé dans le Bouddhisme
qu'il lui a valu le nom de *Doctrine du Milieu* ou
de la *Voie Moyenne* sous lequel il est fréquemment désigné dans ses propres écritures.

1. *Voir*, Léon Feer : *Fragm. trad. du Kandjour*, p. 112. —
P. E. Foucaux : *Lalita Vistara*, p. 346. — H. Kern : *Hist. du
Bouddhisme dans l'Inde ;* Revue de l'hist. des Rel. 1882, V, 87.

CHAPITRE V

Morale bouddhique. — Les cinq Interdictions et les dix
Transgressions. — Les cinq Préceptes. — Les six Vertus
Cardinales. — La Charité et l'Amour du prochain. — Sanc-
tion des Interdictions et des Préceptes. — Le Nirvâna.

Morale bouddhique.

Ce qu'il y a de plus remarquable dans le Bouddhisme, c'est incontestablement sa morale, non
qu'il ait beaucoup innové à ce point de vue, mais
en raison de la tendance tout humanitaire, de la
pureté et de l'élévation qu'il lui a données, et que
nulle autre religion de l'antiquité n'a pu égaler.

Au fond, la morale bouddhique repose sur les
mêmes principes que celle du Brâhmanisme et
comporte, à peu de chose près, les mêmes récompenses et les mêmes châtiments. Elle est identique
à celle de tous les peuples civilisés du monde, car
partout la morale a eu pour point de départ le petit
nombre de lois essentielles, indispensables au fonc-
tionnement de toute société, mises sous la sauvegarde de la justice et de la puissance divines,
seules autorités capables d'inspirer une terreur
efficace dans des temps où la justice humaine

n'avait pas les moyens de faire respecter ses arrêts. La superstition naïve des peuples primitifs, habilement exploitée, remplaçait avantageusement tribunaux et gendarmes méconnus ou impuissants, alors que la force brutale ne reconnaissait aucune loi. Partout, les attentats contre la famille (adultère), contre la propriété (vol), contre les personnes (meurtre), la fausseté, le mensonge, la calomnie, le faux témoignage, en réalité crimes contre la société, sont transformés en transgessions des lois imposées par la volonté divine, c'est-à-dire en *péchés* entraînant, alors même qu'ils restent impunis et inconnus sur la terre, un châtiment terrible inévitable dans l'autre monde. Puis la nécessité d'inspirer le respect de l'autorité divine, qui doit protéger la loi humaine et ses représentants, fait ajouter quelques articles relatifs au culte dû à la divinité, articles qui, dans la plupart des cas, prennent le pas sur les lois terrestres et font de la négligence ou de l'offense envers les dieux un crime plus grand et plus irrémissible que le plus grave des crimes sociaux.

C'est ici que le Bouddhisme se sépare absolument des autres systèmes religieux. Comme il ne reconnaît pas de divinité créatrice et souveraine dirigeant le monde et pouvant lui dicter des lois, comme la raison est la seule règle qu'il admette, pour lui, le *péché* ne consiste pas à *faire un acte déplaisant à un dieu,* mais *à faire le mal* soit matériellement soit moralement. De plus, en supprimant toute éventualité de l'intervention bienveillante ou funeste de dieux qui n'ont aucun pouvoir, il affirme énergiquement le principe de la responsabilité personnelle, ainsi qu'en témoigne cette stance que nous avons déjà citée [1] : « Soi-même on fait le mal. — Soi-même on se fait tort. — Soi-même on ne fait pas le mal. — Soi-même on se purifie. — Personne ne purifie un autre . » Il n'y a pas d'excuse possible ; pas de fatalité, pas d'hérédité, pas de tempérament, pas de caractère, pas d'éducation, pas d'entraînements, pas de mauvais exemples qui tiennent : « Ces mauvaises actions que tu as commises ne sont le fait ni de ton père, ni de ta mère, ni de tes proches, ni de tes amis, ni de tes conseillers. — Toi seul, tu les a toutes commises. Toi seul tu dois en récolter les fruits [3]. »

Il n'admet pas de rédempteur, ni de médiateur, pas même de compensations : une bonne action ne rachète pas une mauvaise ; les actes coupables doivent d'abord être expiés intégralement, puis les vertus, si minces soient-elles, reçoivent postérieurement leur récompense. Un saint peut tomber, pour un temps, dans l'enfer en punition de ses péchés, et occuper ensuite dans un des cieux la place due à ses mérites. La misère, la maladie, les souffrances dans cette vie sont la punition des crimes commis dans des existences précédentes ; la santé, la fortune, les dignités, le bonheur domestique sont la rémunération des mérites accumulés depuis l'apparition première de l'être sur la terre.

Il va sans dire que nous ne parlons ici que du Bouddhisme primitif, car, dans le Bouddhisme ri-

1. Voir page 65.
2. Dharma-pada ; Sir Monier Williams : *Buddhism*, p. 128.
3. Devadûta-Sutta, *Ibid.*, p. 115.

tualiste et sacerdotal, la négligence du culte et le manque de respect envers les Bouddhas, les Bodhisattvas et les Arhats sont comptés comme des actes criminels de la plus extrême gravité, de même qu'il admet l'intervention de ces saints personnages en qualité de médiateurs et, jusqu'à un certain point, de rédempteurs.

Les cinq Interdictions et les dix Transgressions.

Beaucoup d'auteurs ont reproché au Bouddhisme de présenter ses principes de morale sous une forme négative, c'est-à-dire d'avoir défendu de perpétrer des actes criminels sans prescrire l'accomplissement des actes vertueux, et constatent ce fait à l'appui de l'accusation de nihilisme qu'ils portent contre lui. C'est en réalité un procès de forme qu'on lui fait là, et encore n'est-il pas justifié, car si l'on veut se donner la peine d'étudier consciencieusement ses écritures on se convainc bien vite que les actes coupables frappés d'interdiction ont pour contrepartie les actes vertueux diamétralement opposés, et que ces derniers, s'ils ne sont pas commandés, sont du moins formellement stipulés comme étant indispensables pour atteindre le salut final, le Nirvâṇa, qui doit être l'unique ambition des gens de bien.

La morale bouddhique repose sur cinq Interdictions absolues :

1° Défense de tuer, même en cas de légitime défense ;

2° Défense de voler, même si l'on meurt de faim ;

3° Défense de commettre l'adultère, ou simplement la fornication;

4° Défense de mentir;

5° Défense de s'enivrer.

Faute d'observer ces Interdictions, l'homme commet les dix Transgressions (ou *Péchés*) suivantes :

1° Trois péchés du corps : meurtre, vol, adultère;

2° Quatre péchés de parole : mensonge, médisance, injures, bavardage;

3° Trois péchés de pensée : convoitise, haine, erreur dogmatique ou fausse croyance.

A ces dix péchés il faut encore ajouter, selon le Tridharmaka-sûtra [1], l'avarice (ou l'envie) et la négligence. Suivant ce sûtra, la convoitise, l'avarice, l'envie et la négligence empêchent de parvenir à la moralité parfaite et font renaître dans l'enfer.

On remarquera certainement qu'il n'y a ici aucune prescription relative au respect dû aux parents. Peut-être cette lacune tient-elle à ce que dans l'Inde, à cette époque, l'autorité du père et de la mère et le respect de la famille étaient tellement dans les mœurs qu'il ne serait venu à l'idée de personne qu'on pût y manquer [2].

Enfin, nous trouvons encore quelques défenses d'ordre secondaire qui complètent les cinq Interdictions fondamentales, telles que : la défense de

---

1. Léon Feer : *Fragm. trad. du Kandj.*, p. 192.

2. Cependant, le Panca-Gati dit : « Ceux qui ont des torts envers des personnes douées des qualités supérieures, qui ont tué ou frappé des auditeurs du Bouddha, leur père, leur mère ou leur précepteur (guru), ceux-là renaissent dans (l'enfer) *Avici.* » — Léon Feer : *Fragm. trad. du Kandj*, p. 514.

se plaire avec les femmes ; de prendre son plaisir à la cour ; de se prendre au plaisir de la vue ; de se passionner pour la richesse et le luxe [1]. Ces dernières paraissent avoir été introduites postérieurement dans la loi.

Les cinq Préceptes.

Les actes défendus par les cinq Interdictions mènent, naturellement, l'être au malheur et à la perdition. Les actes qui doivent le conduire au salut sont énoncés dans les cinq *Préceptes* dits de *Bonne conduite*, qui ne font, en réalité, que répéter, sous une autre forme, les cinq Interdictions :

1° Éviter d'ôter la vie à un être quelconque ;

2° Éviter de prendre ce qui n'est pas donné ;

3° Éviter les mauvais désirs et les idées d'adultère ;

4° Éviter les paroles mensongères ;

5° Éviter de boire des liqueurs spiritueuses.

Dix *actes méritoires*, opposés aux péchés que nous venons de dénombrer, découlent de l'observation de ces Préceptes :

1° Trois actes du corps : ne pas tuer ; ne pas voler ; ne pas commettre d'adultère, ni de fornication.

2° Quatre actes de la parole : ne pas mentir, ne pas médire ou calomnier ; s'abstenir de paroles violentes ; ne parler qu'à propos, conformément à la loi et à la discipline.

3° Trois actes de la pensée : ne pas avoir de con-

---

1. Tridharmaka-Sûtra ; *ibid.*, p. 192.

voitise ; n'avoir que de bons sentiments pour les autres ; avoir des vues justes, ou foi en la loi [1].

A ces prescriptions s'en ajoutent encore quelques autres passablement vulgaires et banales, probablement interpolées : « Bien mâcher, pour éviter les maladies ; — bien nettoyer le Tchaîtya (*caitya*, chapelle ou temple votif) et le Vihâra (monastère) pour obtenir une bonne condition (dans une autre vie) ; offrir un Tchaîtya pour être puissant [2] », que l'on est quelque peu étonné de rencontrer parmi des préceptes de morale religieuse.

Il faut bien l'avouer, la forme hésitante, presque négative, sous laquelle ces Préceptes sont présentés, ne nous satisfait pas au premier abord. On aimerait à voir une affirmation catégorique des actes à accomplir, des vertus à pratiquer, au lieu de cette timide invitation à ne pas commettre des actes criminels ou tout au moins mauvais. Mais au fond, nous le répétons, l'intention y est, et tout l'enseignement bouddhique l'appuie, ainsi que nous allons le voir tout à l'heure.

Les six Vertus cardinales.

Du reste ces actes de Bonne conduite ne sont qu'un *minimum* de moralité, des vertus négatives, pourrait-on dire, bonnes seulement pour assurer la renaissance dans une condition modeste, à la

---

1. *Duçcarita-Sucarita;* Léon Feer : *Fragm. trad. du Kandj.*, p. 485.

2. *Karma-Vibhaga ;* Léon Feer : *Fragm. trad. du Kandj.*, p. 250.

portée de presque tout le monde, parmi les hommes ou, tout au plus, parmi les dieux du Svarga [1], mais insuffisantes pour conduire au bonheur parfait et éternel, à la *Libération* finale. Le Sage, qui aspire au Nirvâṇa doit pratiquer en plus six vertus transcendantes :

1° L'*aumône*, ou le *don*, la première de toutes les vertus, la plus indispensable : « la Libéralité, dit le Tridharmaka-Sûtra [2], est supérieure à tous les autres mérites. » Elle doit être faite de bon cœur, sans calcul, sans arrière-pensée du profit qu'elle peut rapporter en ce monde ou dans l'autre, sans préférence ni distinction d'individu, de façon à soulager toutes les misères.

2° La *Moralité* parfaite, qui comprend non seulement la morale vulgaire, dont nous venons de parler, mais l'étude et la recherche de la morale absolue, l'observation des règles les plus minutieuses de la loi et de la discipline, le détachement complet de toutes les choses du monde, de tout ce qui est susceptible de retenir l'âme dans les liens de l'existence.

3° La *Patience* qui permet de souffrir sans révolte toutes les misères de la vie, — de se soumettre humblement aux persécutions, aux outrages, sans concevoir ni haine, ni colère, — de chercher en toutes choses ce qu'il peut s'y trouver de bien, — de ne point s'emporter contre les contradicteurs, encore que l'on soit convaincu de leur mauvaise

---

1. Paradis intermédiaire et temporaire dont les habitants, quoique dieux, doivent nécessairement renaître sur la terre ou dans quelqu'un des autres mondes.

2. Léon Feer : *Fragm. trad. du Kandj.*, p. 192.

foi, — de respecter toutes les croyances et tous les
cultes, toutes les convictions et toutes les opinions
si absurdes qu'elles puissent vous paraître, si des-
potiques et injustes qu'elles puissent être à votre
égard.

4° La *Science transcendante* qui, à l'aide de la
méditation abstraite, fait luire la vérité dans l'âme
du Saint sans que rien au monde ne puisse lui inspirer des vues fausses, le détourner de la voie du
salut en le leurrant de sophismes ou d'apparences
mensongères.

5° L'*Énergie* qui fait persévérer dans le chemin
de la vérité, quelques obstacles que l'on rencontre
sur sa route.

6° La *Bonne Volonté,* ou la Bonté envers tous les
êtres, qui fait pardonner les mauvais traitements,
les offenses, les injures et rendre le bien pour le
mal, qui fait que, s'oubliant lui-même, le Sage ne
vit et n'agit plus que pour le bien général du monde,
que sa seule ambition est de guider ses semblables
dans la voie du salut où il les a précédés.

La Charité et l'Amour du Prochain.

Mais il est, au-dessus de celles-là, une autre vertu
plus puissante et plus efficace que toutes réunies,
qui seule a le pouvoir de faire un vrai Bouddha.
C'est la *Charité.*

La Charité bouddhique n'est pas tout à fait ce que
nous avons l'habitude de comprendre sous ce nom ;
elle serait mieux définie par le terme de *Compassion universelle.* Évidemment, elle sous-entend

l'aumône, le don, la libéralité ; mais ce n'est là que son côté matériel ; elle vise plus loin et s'élève plus haut que notre charité, qui n'est, en réalité, que l'aumône.

D'abord, elle n'est pas restreinte aux seuls humains ; toutes les créatures, quelles qu'elles soient, même les plus infimes des insectes, ont droit à toute sa sollicitude ; car, ne sont-ils pas nos frères, de par la loi du *Karma*, les lamentables êtres progressant par une lente évolution vers la dignité humaine, ou les créatures dégradées par leurs vices, si bas qu'elles soient tombées ? Ce n'est pas seulement une pitié banale que nous leur devons, quelques précautions pour ne pas attenter à leur existence, une maigre aumône qui prolonge leur vie, un abri misérable qui les protège un moment contre les intempéries des saisons. Le devoir du Sage, et de celui qui aspire à le devenir, est plus grand et plus noble.

Dans la limite de ses moyens (les Bouddhas et les Bodhisattvas, de même que certains Arhats supérieurs, ont le pouvoir de se faire comprendre par toutes les créatures, de faire entendre leur voix jusqu'au plus profond des enfers), il doit s'efforcer de les convertir au bien, de leur inspirer l'horreur du mal, de leur inculquer les éternelles vérités de la loi boudddhique par ses enseignements et surtout par ses exemples, en un mot de les faire *entrer dans le chemin* de la libération. Il doit, avant tout, avoir une patience et une bonté inaltérables, rendre en toute circonstance le bien pour le mal. Bafoué, insulté, maltraité, il doit rester calme, sans un mouvement de colère ou même d'aigreur, tout par-

donner en son cœur, ne songeant qu'au bien matériel et moral de ses persécuteurs, qu'à faire luire la
divine vérité de salut à leurs yeux obscurcis.

Et qu'il ne se décourage pas en présence de
l'énormité de la tâche à accomplir! Ses peines et
ses douleurs ne seront point perdues ni pour lui,
qui fera un pas de plus vers le salut, ni pour les
autres; car l'existence, dans le monde, d'un seul
Sage suffit à améliorer la situation de tout l'univers,
peut sauver des milliers d'êtres.

Telle doit être la *Charité* du Saint qui a *entrevu*
le Nirvâṇa.

Partout, dans les livres bouddhiques, l'importance
primordiale de cette charité universelle est affirmée. C'est elle qui établit la différence de rang
entre le *Pratiéka* (Saint parfait, mais égoïste et ne
songeant qu'à son salut personnel sans vouloir
prendre la peine de se préoccuper en même temps
de la délivrance de ses semblables) et le *Vrai
Bouddha* qui ne recule devant rien pour faire jouir
l'univers entier du fruit de sa science, qui sacrifie-
rait plutôt son propre salut à la douce satisfaction de sauver quelques êtres de la transmigration.

Elle prime toutes les autres vertus; elle supplée
même à la foi et à la connaissance de la loi bouddhique, car, nous dit-on, si le grand Brahmâ, malgré
ses erreurs dogmatiques et l'orgueil qui le faisait
se croire le véritable créateur et souverain maître
du monde, est parvenu au rang suprême qu'il
occupe bien au-dessus de tous les autres dieux,
c'est que « pendant un nombre infini d'existences,
il a répandu des aumônes parmi les pauvres, sauvé

maintes personnes de la mort, et instruit les ignorants ».

Cette charité ne peut pas avoir de limites ; elle
doit, au besoin, aller jusqu'au sacrifice personnel
suivant l'exemple donné par le Bouddha lui-même
dans ses innombrables existences ; car, on le sait, il
a subi plus de cinq cents naissances dans diverses
conditions, parmi les animaux, les hommes et les
dieux, et dans chacune il s'est signalé par quelque
acte éclatant de charité et d'abnégation de soi-
même [1] :

— Roi des éléphants, blessé par la flèche d'un
chasseur, au lieu de se venger il coupe lui-même
ses défenses et les donne sans rancune à son
meurtrier.

— Lièvre, il fait rôtir son corps, sur un bûcher
qu'il a lui-même préparé, afin de nourrir un bràhmane affamé.

— Singe, il guide charitablement dans les détours
de la forêt le malfaiteur cruel qui venait de lui
briser le front d'un coup de pierre.

— Roi des singes, il expose sans hésitation sa
vie pour faire un pont de lianes à sa tribu surprise
par une inondation terrible.

— Daim, il se fait tuer pour assurer la fuite d'une
biche et de son faon.

— Roi des Gazelles, poursuivi par un chasseur
acharné il le tire d'un torrent impétueux où il allait
se noyer.

---

1. Voir : P.-E. Foucaux : *Lalita Vistara* ; Ann. du M. G. VI,
p. 150. — Sir Mutu Coomara Swàmy : *Dàṭhàvaṃça* ; Ann.
du M. G. VII, p. 359.

— Roi des Ours, il recueille un voyageur égaré, le soigne, le nourrit, le remet dans le bon chemin, et, quand l'ingrat revient avec des chasseurs pour le tuer, sans se défendre il meurt en pardonnant.

— Roi des hommes, sous le nom de Çivi, il ne sût jamais rien refuser. Ayant donné successivement ses richesses, son royaume, ses habits, sa femme et ses enfants, dépouillé de tout, ne possédant plus que son corps, il donne encore ses mains et ses pieds à des infirmes, ses yeux à un bràhmane aveugle.

Enfin si, dans sa dernière incarnation, il a accepté encore de supporter les misères de l'existence, s'il s'est mortifié, s'il a médité, s'il a prêché quarante-cinq ans, endurant des fatigues inouïes, au lieu de s'éteindre dès le début dans les douceurs du Nirvàna, c'est uniquement pour le bien de tous les êtres, pour leur donner la loi de délivrance qu'ils n'eussent pas trouvée sans lui, et par l'exemple fécond des vertus les guider dans la voie du salut.

La Charité, comprise à la façon bouddhique, n'est-elle pas, en vérité, le parfait *amour du prochain* poussé jusqu'à ses plus extrêmes conséquences ? la plus merveilleuse conception de la solidarité humaine à laquelle ait pu s'élever l'antiquité ?

Sanction des Interdictions et des Préceptes.

A chacun des crimes défendus par les cinq Interdictions, de même qu'à chacun des actes méritoires recommandés par les Préceptes de bonne conduite, correspondent naturellement des conditions particulières du Karma que nous connaissons déjà : naissances dans les enfers, parmi les animaux, les démons, les dieux, les hommes, etc. Néanmoins, il nous a paru intéressant de revenir sur ces châtiments et ces récompenses, ne serait-ce que pour montrer la part d'importance que le Bouddhisme attribue à chacun de ces différents actes [1].

Le crime de *Meurtre* est justiciable de trois enfers, suivant la gravité du cas : 1° *Sanghata* réservé à ceux qui ont tué des animaux ou mangé leur chair (c'est la peine qu'a subie la mère du saint Maudgalyàyàna); 2° *Sanjiva* pour les homicides; 3° *Avici* pour ceux qui ont tué un Arhat ou un Bhikshou. Si, grâce à des circonstances atténuantes, le coupable échappe à l'enfer, ou bien à l'expiration de sa peine, il prendra place parmi les démons *Prétas* toujours affamés, les *Asouras*, les *Râkshasas* avides de chair, parmi les perroquets, les chenilles, les scorpions, les tigres, les chats, les chacals, les ours et les vautours, ou, parmi les hommes, il aura une vie courte et malheureuse, sera continuellement la proie de la maladie.

Les *Voleurs* vont dans l'enfer *Roroura* (Roruva), dans les demeures des démons *Yâkshas* et *Nâgas,* renaissent parmi les singes, les serpents, ou les corbeaux, ou bien, hommes, ils sont en butte à la misère, à la haine et aux mauvais traitements, échouent dans toutes leurs entreprises.

Aux *Adultères* sont réservés l'enfer de *Mahâ·Roroura,* l'arbre épineux qui déchire leurs chairs,

___

1. Voir : Léon Feer : *Frag. trad. du !Kandjour;* ann. du M. G. V., pp. 189, 230, 243, 250, 514.

la forêt de pals et celle de lames d'épées ; leur place est marquée chez les démons *Kumbhandas* au corps difforme, ou parmi les corbeaux, les oies, les grues, les ânes, les chiens, ou bien ils seront femmes, hermaphrodites, lépreux, difformes et infirmes.

Le *Menteur* est tourmenté dans l'enfer *Kâlasûtra*, ou renaît parmi les Prétas, les Bhûtas à l'aspect répugnant, les vers de terre ou les corbeaux ; s'il est homme, il a l'haleine fétide, un aspect repoussant, de nombreuses maladies.

Les *Ivrognes* ont pour demeure l'enfer brûlant où des démons leur versent dans la bouche du métal en fusion. Lorsqu'ils en sortent, c'est pour devenir *Prétas* à la soif inextinguible, vers de terre, ou insectes répugnants ; parmi les hommes, ils sont dépourvus de mémoire, sans intelligence, ignorants, atteints d'aliénation mentale.

Quant à l'*Envie*, l'*Avarice* et la *Négligence* « tout homme dépourvu de sens qui, dans ce monde, parce qu'il possédera ces trois vices, n'aura pas fait de dons, ni accompli des actes méritoires, après sa mort tombera dans la mauvaise voie et renaîtra dans les enfers [1] ». A cause de son avarice, le riche brâhmane Todéyya a été changé en chien [2].

Enfin, faute de se repentir, le coupable d'un quelconque de ces actes peut avoir à subir deux renaissances successives dans l'enfer.

En résumé, les crimes frappés des peines les plus

1. *Tridharmaka-sûtra;* Léon Feer. *Frag. trad. du Kandj.,* p. 192.

2. Léon Feer : *Frag. trad. du Kandj.,* p. 490.

graves, et par conséquent les plus sérieux au point de vue de la morale bouddhique, sont : le meurtre, l'adultère et l'ivrognerie.

Quant aux actes vertueux, ils entraînent, sans distinction dans leur nature, la renaissance parmi les dieux des divers ordres, ou parmi les hommes, et, dans ce dernier cas, les avantages qu'ils font obtenir sont : une vie longue, une bonne santé, une bonne mine, un rang élevé, la puissance, la richesse, le bonheur domestique ; mais il n'est pas question dans tout cela de parvenir à l'état de Bouddha, ni même d'Arhat ou de Çramaṇa. Cette sorte d'uniformité banale dans les récompenses montre bien que ces vertus ne sont considérées que comme la monnaie courante des efforts exigés des fidèles. Le véritable mérite, celui qui conduit à la *délivrance* finale, au *Nirvâṇa,* ne peut s'obtenir que par la pratique assidue des six vertus cardinales et de la charité jointe à la possession de la science transcendante, ou Bodhi, grâce à laquelle sont rompus, pour le sage, tous les liens du monde.

Le Nirvâṇa.

Qu'est-ce donc, en réalité, que ce *Nirvâṇa* qu'on nous présente continuellement comme la récompense suprême des plus ardents efforts, de la science, des vertus les plus sublimes, en un mot le Paradis des Bouddhistes ? Ce n'est pas un lieu particulier semblable aux Champs Élysées des Grecs, aux Champs d'Ialou des Égyptiens, au Walhal des Scandinaves, ou au Paradis des Chrétiens, puisque, non seulement on ne lui assigne aucune situation dans l'Univers, mais qu'il est dit que le Sage peut y atteindre et le posséder même en ce monde par le complet détachement des choses d'ici-bas! Il faut donc que ce soit un État; mais quel État?

Nous abordons ici le point le plus délicat et le plus obscur du Bouddhisme, celui qui a donné naissance aux opinions les plus diverses, qui a suscité les controverses les plus passionnées.

Pas plus que sur l'existence et la nature de l'âme, Çàkya-Mouni ne s'est expliqué catégoriquement sur ce sujet; il s'est contenté de dire que le Nirvâṇa est le bonheur parfait à l'abri de toutes les misères de la vie par suite de la libération de la nécessité fatale de la renaissance, libération obtenue par la destruction complète des passions, du désir, de l'attachement au monde et par conséquent de toutes les causes du Karma. Le Karma étant éteint, l'être ne peut plus renaître, et ses malheurs sont éternellement finis. Il compare habituellement Nirvâṇa à un feu qui s'éteint faute d'aliment, à une lampe que l'on a soufflée. En l'absence d'un dogme formulé d'une façon précise, le champ est resté ouvert aux systèmes, aux spéculations, le plus souvent contradictoires, des nombreuses sectes formées après la mort du Maître. Chez la plupart d'entre elles, cependant, notamment celles de l'École du Sud, l'opinion paraît prévaloir que le Nirvâṇa est à proprement parler le *Néant absolu*. Cette opinion peut s'appuyer sur la déclaration du Bouddha mourant que « tous les éléments de son être vont se dissoudre et se détruire et qu'il ne restera plus de lui que la Loi qu'il a donnée à ses disciples », et aussi sur le fait qu'il ne leur promet ni sa protection ni son inspiration postérieures, et les engage au contraire à ne *chercher refuge* qu'en eux mêmes et dans la loi [1] ; mais elle est en contradiction avec le culte rendu au Sage divinisé.

Parmi les sectes de l'École du Nord, la croyance aux miracles posthumes du Bouddha et à ses fréquentes apparitions implique que pour elles le Nirvâṇa n'est pas et n'a peut-être jamais été le *néant*, mais « une sorte de repos éternel, de béatitude négative [2] ». C'est ainsi qu'en Chine et au Japon les Bouddhas conservent leur personnalité et même une certaine activité après leur entrée dans le Nirvâṇa, et remplacent effectivement les dieux ; on les prie, on les adore, on implore leur intervention en vue d'obtenir une bonne condition future sur la terre, une place dans l'un des cieux, ou dans le Paradis secondaire de *Soukhâvatî,* beaucoup plus recherché par la masse des fidèles que le trop rigoriste Nirvâṇa. Au Tibet, les Lamas se sont avisés d'une conception très ingénieuse pour se tirer de la difficulté de concilier le dogme du Nirvâṇa avec les aspirations des fidèles et les nécessités du culte. Ils admettent que l'effet du Nirvâṇa est différé pour tout Bouddha humain jusqu'au moment de l'apparition dans le monde d'un autre Bouddha. Ainsi, Çâkya-Mouni n'entrera dans le Nirvâṇa parfait que lors de la venue de Maïtréya, son successeur désigné ; jusque-là il continue à

1. Monier Williams : *Buddhism,* p. 49.
2. A. Barth : *Religions de l'Inde ;* dans *Encycl. des Sc. Rel.* VI, 562.

jouir de sa personnalité et du pouvoir de protéger
le monde, voire même de se réincarner temporairement en quelque Lama [1].

La plupart des savants européens comprennent
le Nirvàṇa dans le sens de *Néant* [2], en se basant
sur l'étude des textes et sur l'interprétation traditionnelle, tout en reconnaissant généralement que
dans la pratique religieuse actuelle, qu'ils consi-
dèrent du reste comme faussée, les Bouddhas
paraissent conserver après leur mort une personnalité incompatible avec l'idée d'anéantissement
absolu. Quelques-uns, cependant, refusent de voir
dans le Nirvàṇa l'idée de Néant, même en ce qui
concerne les Écritures primitives, et le comprennent comme l'existence éternelle de l'âme dans un
état de béatitude parfaite, ce qui est peut-être d'un
spiritualisme un peu risqué et admis seulement
dans les croyances populaires ainsi que le constate
M. Bigandet [3] : « Étant ainsi délivrés de l'action
de la bonne ou mauvaise influence, qui fait tourner
incessamment les mortels dans le tourbillon d'existences sans nombre, les hommes peuvent obtenir
l'état de *Neibban* ou de repos, c'est-à-dire, suivant
l'opinion populaire, une situation où l'âme, désinté-

1. Eug. Pander : *Das Pantheon des Tschangtscha Hutuktu*,
p. 45.

2. Voir : E. Burnouf : *Introduction à l'histoire du Boud-
dhisme Indien*, pp. 589 à 594. — Barthélemy Saint-Hilaire :
Le Bouddha et sa religion ; Avertiss. et p. 132. — A. Barth :
Religions de l'Inde ; dans *Encycl. des Sc. Rel.* VI, p. 561. —
H. Oldenberg : *Buddha, sein Leben, seine Lehre und seine
Gemeinde*, pp. 269 à 284.

3. P. Bigandet : *Vie ou Légende de Gaudama, le Bouddha
des Birmans*, p. 169.

ressée de tout ce qui existe, seule avec elle-même, indifférente à la peine aussi bien qu'au plaisir, repliée en quelque sorte sur elle-même, reste pour toujours dans un état incompréhensible d'abstraction complète et d'absolu parfait repos. J'ai dit que c'était l'opinion populaire, quand par bonheur elle n'est pas dévoyée par les théories scolastiques. Mais l'opinion des docteurs bouddhistes sur le Neibban est qu'il signifie la négation de tous les états d'être, c'est-à-dire une horrible et désolante annihilation. » D'autres enfin, sans aller jusqu'au spiritualisme, nient la théorie du néant et voient dans le Nirvâṇa la promesse d'un bonheur que l'on peut certainement atteindre sur la terre, mais dont les conditions dans l'autre monde ne sont pas déterminées, peut-être parce que le Bouddha acceptait en partie sur ce point les idées du Sâṇkhya, peut-être parce qu'il se trouvait impuissant, quel que fût son génie, à définir l'infini.

« Gautama, dit M. Rhys Davids [1], dans sa description du Nirvâṇa n'exprime aucune opinion ni dans un sens ni dans l'autre quant à l'existence après la mort, mais proclame une libération des douleurs de la vie que l'on peut atteindre en ce monde, sur la terre, par une modification d'esprit......... Nirvâṇa est la destruction de la passion, de la méchanceté et de l'erreur (*râga, dosa, moha*) ». Dans un autre passage le même auteur rapproche la notion du Nirvâṇa des idées stoïciennes et chrétiennes sur le bonheur que procure la paix de la conscience, la

---

1. T. W. Rhys-Davids : *History of the Indian Buddhism*, p. 253.

satisfaction de soi-même : « Le royaume des cieux qui est dans le cœur de l'homme, la paix qui dépasse tout entendement, est ce que je connais de plus analogue au Nirvâṇa bouddhique dans les idées occidentales ; ce ne sont pas seulement les religions nouvelles qui affirment la nécessité de s'améliorer et de réfréner ses passions [1]. »

Sir Monier Williams [2], lui, établit une gradation entre le Nirvâṇa simple et le *Pari-Nirvâṇa* ou Nirvâṇa complet ; mais dans les deux cas il aboutit à la même incertitude vague qui ne permet pas plus d'affirmer l'anéantissement que la persistance de l'être : « Dans le *Milinda praçna*, le moine Nâgaséna compare le Nirvâṇa à une eau pure qui éteint le feu, et à l'Océan sans fond que rien ne peut troubler ni souiller, qu'aucune rivière, si puissante soit-elle, ne peut remplir à le faire déborder ; il le compare aussi à l'air que l'on ne peut ni voir ni définir bien qu'il pénètre dans notre corps et le remplisse de vie, et à l'Espace éternel et infini que l'homme est impuissant à concevoir. » Plus loin, il explique ainsi la notion du Nirvâṇa : « L'idée, pour ainsi dire, de flotter dans une paix et un repos parfaits, sans souffrir, sans agir, sans penser, sur une sorte d'Océan de béatitude à moitié consciente, à moitié inconsciente. Ce n'est pas la conscience et ce n'est pas l'inconscience. Il (le Nirvâṇa) est symbolisé par un lotus épanoui, parfaitement conformé, reposant sur un lac calme comme un miroir [2]. »

<hr>

1. T. W. Rhys-Davids : *l. c.* p. 31.

2. Sir Monier Williams : *Buddhism*, p. 141.

3. Id. *l. c.* — Cette définition se rapporterait plutôt à la région bienheureuse de Sou-khâvatî.

Parlant ensuite du *Pari-Nirvâṇa*, qu'il définit
« le terme absolu des migrations et la destruction
de tous les éléments de l'existence corporelle » et
qu'il trouve peu différent de l'idée brâhmanique
du *Moksha* ou absorbtion dans un esprit impersonnel, sir Monier Williams ajoute : « En réalité,
cependant, dans le Bouddhisme la dissolution du
corps ne laisse subsister ni personnalité ni individualité, et par conséquent il n'est pas exact de dire
soit que le Pari-Nirvâṇa est l'absorbtion dans le
vide *(çûnya)*, soit que c'est le néant. C'est simplement le terme absolu d'une succession de formations corporelles conscientes. Le Bouddha lui-même
s'est dérobé à toute définition dogmatique, et il
aurait probablement dit : — ce n'est pas l'*être*
et ce n'est pas le *non-être;* on peut le comparer à
l'Espace infini *(çûnya)* qu'il est impossible de concevoir ou d'expliquer [1]. »

La même incertitude sur la véritable nature du
paradis suprême du Bouddhisme se révèle encore
dans ces lignes d'un auteur dont la compétence est
universellement admise [2] : « On n'a peut-être jamais
encore pu définir ce que c'est que cette *extinction*,
quoique ç'ait été le sujet de controverses sans fin
de la part de ceux qui se jugent aptes à discuter de
l'infini, à analyser le commencement et la fin. Tout
ce que j'y vois, c'est que, *dans cette vie*, on considère le Nirvâṇa comme la paix, le repos et le bonheur éternel. Les Siamois lui ont prodigué les

<hr>

1. Sir Monier Williams : *Buddhism*, p. 142.
2. Henry Alabaster : *The Wheel of the Law*, Introd.
p. xxxvii.

épithètes les plus choisies et les plus glorieuses, mais elles nous laissent aussi ignorants à son égard que nous le sommes au sujet du Paradis des Chrétiens. »

Somme toute, dans l'esprit du Bouddha, le Nirvâṇa était-il le Néant? et n'a-t-il pas osé le dire? Ou, ce qui est bien improbable, n'avait-il pas d'idées arrêtées à ce sujet? Nous croyons plutôt que s'il ne s'est pas expliqué catégoriquement sur ce point c'est qu'il ne considérait pas son Nirvâṇa comme incompatible avec les idées de son temps sur la fin de la transmigration, celles du Sàṇkhya, par exemple, auxquelles il a tant emprunté, et qu'il laissait à ses disciples la liberté de spéculer à leur guise sur la vie future et le bonheur final, de même qu'il ne leur imposait pas d'abjurer le Brâhmanisme.

N'oublions pas du reste que le Bouddhisme n'était, au début, qu'une école philosophique, que ses doctrines n'étaient que des leçons et que, même lorsqu'il fut devenu une religion, ses dogmes ont conservé une élasticité telle qu'il a toujours pu se façonner aux idées et aux croyances des peuples divers chez lesquels il a pénétré. C'est ce qui fait qu'aujourd'hui encore des divergences aussi sérieuses que celles de l'affirmation de l'anéantissement ou de l'existence de la personnalité dans le Nirvâṇa peuvent exister entre les sectes, et même entre les membres d'une même secte, sans provoquer à proprement parler, de schismes ou d'hérésies.

CHAPITRE VI

La Société bouddhique primitive :
Bhikshous et Laïques.

L'Inde, nous l'avons vu, fut de tout temps portée
à l'ascétisme ; on peut même affirmer, sans crainte
de se tromper, qu'elle a été le berceau de cette
institution si fatale aux besoins sociaux. Déjà les
grands rishis des Bràhmaṇas et des Upanishads
sont des solitaires, et c'est loin des lieux habités,
au fond des forêts, que les *gourous* (guru) célèbres
enseignent le Véda divin à leurs disciples. La littérature la plus ancienne fait d'eux les héros de
ses poèmes et de ses drames. Enfin, les Lois de
Manou imposent aux Bràhmanes et aux Kshatryas
la retraite, une vie sauvage et de privations au milieu

des bois ou des jungles, comme couronnement de leur carrière et comme le seul moyen de parvenir au Moksha.

Nous n'avons donc pas à nous étonner de retrouver cette idée de la nécessité de fuir le monde et ses tentations dans le Bouddhisme, qui affirme bien plus énergiquement que le Bràhmanisme la vanité et la corruption du monde.

Dès le début de la vie religieuse active du Bouddha, nous voyons se grouper autour de lui deux ordres de personnes, de rang et d'importance différents, correspondant à peu près à ce que nous sommes habitués à dénommer *Clergé* et *Laïques*. Toutefois, le terme Clergé (que nous n'employons du reste qu'accidentellement et faute d'un autre mot de notre langue qui marque aussi clairement la délimitation des deux ordres) est peu propre à désigner les disciples religieux du Bouddha; il éveille, en effet, l'idée d'un corps hiérarchique organisé, exerçant des fonctions sacerdotales, faisant profession de servir d'intermédiaire entre la divinité et les hommes, et tel n'est pas le cas pour le *clergé bouddhiste*, au moins à l'époque primitive dont nous nous occupons en ce moment ; car Çàkya-Mouni, qui niait les dieux et faisait la guerre au sacerdoce, au sacrifice, au ritualisme et au surnaturel, s'est bien gardé d'instituer un culte, des rites, des prières, et d'organiser hiérarchiquement ses disciples. Même, il n'a désigné aucun successeur au moment d'entrer dans le Nirvàna, n'a donné à personne la charge de veiller à la conservation de la pureté de la doctrine ; c'est à tous sans distinction qu'il a confié la Loi.

Tels que nous les représentent les Écritures bouddhiques, les *Bhikshous* [1], ainsi que le Maître les avait nommés, n'ont rien du caractère du prêtre [2] ; ils nous rappellent plutôt l'auditoire qui se pressait, en Grèce, autour des grands philosophes, de Zénon, d'Epicure, de Socrate, ou bien encore les apôtres et les disciples de Jésus, avec cette différence, cependant, que les principes d'ascétisme, d'égalité et de communisme paraissent avoir été plus strictement établis et observés chez les Bhikshous. Poussés par l'ambition du salut, c'est-à-dire de se débarrasser des misères de la vie, ils sont venus chercher auprès de Gautama la doctrine de libération qu'il affirmait avoir trouvée, et, avides de ne pas perdre une seule de ses paroles, ils ont tout quitté pour suivre ses pas ; ils observent avec scrupule et ferveur les règles qu'il a établies pour rompre les liens du monde, la pauvreté, l'abstinence, la chasteté, l'humilité, la mendicité, la vie en commun ; ils n'ont plus ni famille, ni affection, ni haine, ni parents, ni amis, ni biens propres ; ils ne vivent plus qu'en vue de l'existence future [3]. Ce sont de véritables ascètes en

---

1. *Bhikšu*, mendiant, qui vit d'aumônes.

2. A. Barth : *Rel. de l'Inde ; Encycl. des Sc. rel.*, VI, p. 598 : « Le Bhikshou n'est pas un thaumaturge, un intermédiaire entre l'homme et la divinité ; c'est un pénitent, d'abord, et ensuite, s'il en est capable, un clerc, un prédicateur, un directeur de conscience, un docteur de la foi, et, à l'occasion, un admirable missionnaire ».

3. Voir : A. Barth : *Rel de l'Inde ; Encycl. des Sc. rel.* VI. p. 566. — T. W. Rhys-Davids : *Hist. of the Indian Buddhism*, p. 155. — Sir Monier William : *Buddhism*, p. 72. — H. Oldenberg : *Buddha*, etc. pp. 62 et 390).

dehors du monde, quoique toujours en contact avec lui.

Les Laïques, eux, d'une dévotion plus modérée, se contentent d'accepter et de suivre, tout en continuant leur vie accoutumée, les principes moraux du Bouddhisme et les grandes lignes de sa doctrine, de vénérer le Bouddha, de respecter les Bhikshous, et surtout de gagner des mérites en subvenant par leurs aumônes à l'entretien de la communauté. Aussi sont-ils relégués à l'arrière plan; ils font foule comme des comparses sur la scène, laissant les premiers rôles au clergé, sans songer à se prévaloir de la priorité que leur donne la conversion miraculeuse de Trapousha et de Bhallika, ces deux marchands qui, attirés par une force irrésistible au pied de l'arbre *Bô* sous lequel le Bouddha trônait dans tout l'éclat de sa gloire, lui firent offrande du lait de leurs vaches, l'adorèrent avec ferveur, et, après avoir entendu sa parole, *prirent refuge dans le Bouddha et la Loi*, avec tous les serviteurs qui les accompagnaient [1], plusieurs semaines avant qu'aucun Bhikshou ait entendu l'*Exposé de la Loi*, autrement dit avant que le Sangha fut constitué.

Le Sangha.

Au fond, le Laïque ne compte pour ainsi dire pas au point de vue bouddhique; on apprécie certaine-

---

1. P.-E. Foucaux : *Lalita-Vistara*, p. 321. — Sir Monier Williams : *Buddhism*, p. 40.

ment beaucoup les services qu'il rend comme nour-
risseur de la communauté, comme *donneur d'aumônes* (car il faut bien vivre), et on lui reconnaît en
échange quelques légers mérites religieux; mais il
ne fait pas partie du Sangha.

On traduit souvent ce mot Sangha par Église;
cependant ce n'est pas précisément l'Église dans le
sens le plus étendu qu'a ce terme dans la phraséo-
logie chrétienne, puisque le Laïque en est exclu;
mais il peut très bien être pris pour Église dans l'acception restreinte qui s'applique à la réunion générale du clergé en tant que corps sacerdotal, doctrinal et législatif, distinct de la masse des simples
fidèles [1]. Néanmoins, pour éviter toute confusion
dans les idées, nous le traduisons par *Confrérie*,
bien que ce dernier terme nous paraisse avoir un
sens un peu trop borné.

Au temps du Bouddha, le Sangha est, à proprement parler, la réunion de tous les Bhikshous,
depuis Çàkya-Mouni lui-même jusqu'au simple
novice; son but est de réaliser l'idéal de la vie
parfaite, loin du monde, à l'abri de toute préoccupation matérielle, dans un communisme absolu.
Plus tard, il prendra, comme l'Église chrétienne, le
caractère et le pouvoir doctrinal et législateur, dans
la mesure, toutefois, que comporte l'élasticité de
dogmes purement philosophiques et par conséquent
toujours soumis au libre examen et à la libre
discussion.

---

1. Sir Monier Williams : *Buddhism,* p. 85.

Rangs parmi les Bhikshous.

Il n'y avait pas de hiérarchie dans cette confrérie communiste et républicaine [1] qu'était le Saṅgha, ouverte à toutes les bonnes volontés sans distinction de caste, ni de rang social, où l'impur Tchaṇḍàla [2] coudoyait fraternellement le Kshatrya et le Brâhmane ; mais, cependant, il existait parmi les Bhikshous certains rangs proportionnés à leurs mérites religieux et à leur science et correspondant à l'accession aux divers *Chemins* ou *États* successifs qui mènent à la condition supérieure d'Arhat.

Ces chemins, et par conséquent ces grades, sont au nombre de quatre :

1° *Çrota-àpatti*, état dans lequel le cœur du fidèle s'ouvre à la lumière, commence à comprendre les vérités bouddhiques, se délivre des erreurs résultant de l'égoïsme, des doutes relatifs à la vérité de la doctrine et de la croyance en l'efficacité des rites extérieurs, prières ou sacrifices. C'est la condition des fidèles laïques et aussi des aspirants à l'état de Bhikshou, les *Çrâmaṇéras* ou Novices, admis à la première initiation qui leur confère le titre d'*Arya* [3], désignation générale de tous les membres de la Confrérie ;

---

1. T.-W. Rhys David : *Hist. of the Indian Buddhism*, p. 38.

2. *Caṇḍàla*, hors-caste, né de l'union réprouvée d'une Brâhmine et d'un Çùdra. — « L'homme n'est souillé que par le péché, le Caṇḍàla lui-même, qui est moins qu'un chien, est accueilli par lui (le Bouddha) comme un frère » ; A. Barth : *Rel. de l'Inde; Encycl. des Sc. rel.*, VI, p. 561.

3. Noble, excellent, supérieur, vénérable.

2° *Sakridâgami* (Sakṛdâgami), condition du religieux qui a reçu l'initiation définitive, qui est délivré du désir, de l'attachement aux objets matériels, de la haine, qui est affranchi des cinq erreurs et n'a plus qu'une seule existence à subir sur la terre. C'est le Çramaṇa [1];

3° *Anâgami*, état du religieux délivré des cinq erreurs, des mauvais désirs et de l'ignorance; son esprit s'est ouvert à la science transcendante; il renaîtra encore dans un des cieux du monde de Brahmâ, mais ne reviendra plus sur la terre, à moins que ce soit dans le but d'atteindre au rang de Bouddha. On a donné d'abord à ce religieux le nom de Çrâvaka [2], et plus tard celui de Sthavira [3];

4° *Arhat* ou aussi *Ayushmat* (ayušmàt). C'est le saint parfait, délivré de toute espèce de peines, affranchi des dix liens, du désir de vivre même dans le monde des dieux, libéré de tout Karma. Par la méditation, Dhyâna, il a conquis la science transcendante; il connaît la pensée de tous les êtres et peut se faire comprendre d'eux; il se souvient de ses existences antérieures; la matière, devenue docile pour lui, obéit à son pouvoir surnaturel; il modifie ou suspend à son gré les lois de la nature; il possède déjà le Nirvâṇa sur la terre et n'a plus qu'un effort à faire pour devenir Pratyéka-Bouddha ou bien Bouddha parfait.

1. Religieux, ascète, moine.

2. *Auditeur*. — Ce titre paraît avoir été réservé aux disciples qui avaient « entendu la parole du Bouddha »; sir Monier William : *Buddhism*, p. 75.

3. *Ancien*. — En pâli, *Théro*.

Ces rangs et ces titres, décernés d'abord par le Maitre, puis par le Sangha, comme simple constatation d'un mérite et d'une science au-dessus de l'ordinaire, contenaient en germe le principe de la hiérarchie sacerdotale qui ne devait pas tarder à se développer dans le Bouddhisme, et le Bouddha lui-même, en dépit de ses idées égalitaires et de son horreur du sacerdoce, en a involontairement jeté les premiers fondements lorsqu'il a confié à ces disciples d'élite l'instruction des autres moines et la direction de ses nombreux monastères. Tant qu'il a vécu, ils n'ont été que des Bhikshous comme les autres, des unités dans la grande confrérie du Sangha ; du jour de sa mort, malgré lui et malgré eux peut-être, ils sont devenus des supérieurs hiérarchiques en raison des talents et des mérites qu'on leur reconnaissait.

L'Initiation. Règles pour l'admission dans la Confrérie.

L'admission au sein du Sangha n'allait pas sans quelques formalités accompagnées de cérémonies, plus ou moins solennelles, propres à frapper l'imagination de l'impétrant, à lui inspirer un certain sentiment de reconnaissance de la faveur qui lui était accordée et de religieux respect pour les engagements qu'il prenait volontairement en devenant novice, et aussi à le revêtir d'une sorte de caractère sacré aux yeux de la foule. Toutes les religions, même le Brâhmanisme, où cependant le sacerdoce et la connaissance de la loi divine étaient de droit héréditaire, ont ainsi élevé la barrière de l'*Initiation* entre leurs fidèles éprouvés et les simples curieux ou les indifférents ; mais la différence est grande entre l'Initiation à des religions qui possèdent des dogmes et des rites secrets qui ne doivent être communiqués, sous peine de sacrilège, qu'à un petit nombre de privilégiés, et celle du Bouddhisme ouvert à tout venant, prêchant une doctrine de salut universel, s'efforçant de la mettre à la portée de toutes les intelligences, sans restrictions, sans distinction de personnes, de caste ou de talent[1].

Au temps du Bouddha, surtout au début de sa prédication, l'Initiation ne paraît être qu'un mot, souvent prononcé par exemple, et ne pas comporter d'autres formalités que l'expression du désir d'entrer dans la Confrérie, — formulé en ces termes par le postulant : « Je prends refuge dans le Bouddha, la Loi et la Confrérie », — et l'acquiescement du Maître. Le Novice se faisait alors raser les cheveux et la barbe, revêtait le costume des Bhikshous, et tout était dit, il faisait partie du Sangha. C'est ainsi, du moins, que les choses semblent se passer dans le récit de la conversion des Cinq ascètes d'Uruvilva [2], du jeune Yaças [3], des Quatre[4] et ensuite des Cinquante habitants de Bénarès [5].

---

1. Il n'y a pas de doctrine ésotérique dans le Bouddhisme primitif. Les prétentions à l'ésotérisme ne se révèlent que dans les écoles fondées après la mort du Bouddha.

2. Léon Feer : *Fragm. trad. du Kandjour*, p. 19. — P.-E. Foucaux : *Lalita Vistara*, p. 340.

3. Léon Feer : *Fragm. trad. du Kandjour*, p. 20.

4. *Ibid.* p. 28.

5. *Ibid.* p. 30.

Les Cinq étaient en ce temps à Bénarès, au lieu dit Rishivadana [1]. Gautama, en quête d'auditeurs capables de comprendre sa doctrine, vient à eux. Ils l'aperçoivent de loin, et, fort mal disposés à son égard, se proposent de lui faire un accueil plus que froid ; mais, à mesure qu'il approche, la majesté de sa personne les frappe, leurs sentiments se modifient, une force irrésistible les oblige à se lever malgré eux ; ils lui préparent un siège d'honneur et c'est avec le plus grand respect qu'ils le supplient de s'asseoir au milieu de leur groupe. Alors, Gautama parle : il expose le dogme des Quatre Vérités et des Huit Chemins, et aussitôt Ajñata Kaundinya fait adhésion à sa doctrine [2]. Le lendemain, après avoir entendu un discours sur le Non-moi [3], les quatre autres compagnons se prosternent devant le Maître et déclarent « *chercher refuge dans le Bouddha et la Loi* [4] », puis tous se font raser les cheveux et la barbe et revêtent le vêtement jaune ou brun-rougeâtre dont Çâkya-Mouni était habillé.

Il en est de même pour l'admission de Yaças. Ce jeune brâhmane, dégouté du monde, s'enfuit de la maison paternelle et vient conter ses peines à Çâkya-Mouni, dont la renommée est venue jusqu'à lui. Après l'avoir entendu, le Bouddha l'engage en ces termes à le suivre : « Jeune homme, viens ici !

---

1. *Ŗšivadana* ou *Ŗšipatana*, appelé aussi très fréquemment le « Bois des Gazelles », *Mŗgadâva*.

2. Première prédication de Bénarès.

3. Seconde prédication de Bénarès.

4. Çâkya-Mouni n'ayant pas de disciples, le Sañgha n'existait pas encore ; il ne se constitue que par le fait de la conversion des Cinq.

Ce lieu sera pour toi sans tourments ; il ne sera point pour toi une cause de perdition [1] » ; puis, l'ayant introduit dans l'assemblée des Bhikshous, il prononce à son intention une série de discours sur la charité, sur la moralité, sur le Svarga, sur la vanité des passions, sur la corruption morale, sur la perfection, sur la sortie du monde, sur l'éloge de la solitude et sur la région de la perfection. Alors, Yaças, tombant à ses pieds, s'écrie : « Vénérable, je suis un Arya, un Arya complet. Je vais en refuge dans le Bouddha, la Loi et le Sangha ! »

La conversion des quatre amis de Yaças et des cinquante habitants de Bénarès entraînés par leur exemple, ne donna pas lieu à plus de formalités. Il n'y a rien là qui rappelle l'Initiation, point de cérémonie autre que le rasage de la tête et la prise du costume de Bhikshou. Par contre, on pourrait peut-être voir une sorte de préparation préliminaire à recevoir la doctrine du Bouddha dans la légende de la conversion de Çâripoutra et de Maudgalyâyâna [2]. Sachant que ces deux sages, qu'il désirait s'attacher, sont en route pour venir le trouver, Çâkya-Mouni envoie à leur rencontre son disciple Açvajit (l'un des Cinq), qui leur expose en quelques formules l'ensemble de la Loi et les amène ensuite devant le Maître l'esprit ouvert et prêts à saisir ses enseignements [3].

Il est probable que la formalité de l'Iniation se borna à la tonsure et à la prise d'habit tant que le

---

1. Léon Feer : *Fragm. trad. du Kandjour*, p. 20.
2. Appelés aussi Upatisya et Kolita.
3. Léon Feer : *Fragm. trad. du Kandjour*, p. 11.

Bouddha eut un assez petit nombre de disciples pour pouvoir tous les instruire lui-même, étudier leur caractère et juger de leur vocation avant de se prononcer sur leur admission, et peut-être aussi pour penser ne pas devoir être trop difficile sur le choix des adhérents à sa doctrine; mais qu'il imposa des règles à l'introduction dans la Confrérie lorsque l'affluence des postulants au noviciat l'obligea à confier à quelques-uns de ses disciples éprouvés la charge de les recevoir et de les instruire [1]. Le premier exemple d'une véritable initiation nous paraît se trouver dans l'épisode de la conversion (quelque peu forcée) du ministre de Çouddhodana, Udâyi, que Çàkya-Mouni confie à Çâripoutra en lui disant : « Initie Udâyi [2] »; car il semble bien qu'il s'agisse ici, à la fois d'une instruction doctrinale à donner au sujet et d'un caractère sacré à lui conférer.

D'après ce que nous apprennent les Sûtras [3] et le Vinaya [4], l'admission dans la Confrérie comporte deux cérémonies successives correspondant à deux phases de la vie du religieux bouddhiste.

La première, *Pravrajyâ* « sortie du monde [5] », correspond à ce que le Christianisme appelle noviciat, avec cette différence toutefois qu'elle n'implique pas obligatoirement la connaissance préalable

---

1. T-W. Rhys Davids : *History of the Indian Buddhism,* p. 156.— Sir Monier Williams : *Buddhism,* p. 76.

2. Léon Feer : *Fragm. trad. du Kandjour,* p. 43.

3. Discours ou Sermons prononcés par le Bouddha, sortes d'évangiles.

4. Section des Écritures relative à la discipline des Bhikshous.

5. Ou de la famille; littéralement « sortie de la maison ».

de la doctrine ; c'est à la fois, en quelque sorte, l'état de cathéchiste et le noviciat. Le postulant vient trouver un moine quelconque, lui fait part de son désir d'entrer dans la communauté et le prie de l'instruire dans la Loi, de consentir à devenir son Maître *(Upâdhyâya)*; puis il se rase la tête, endosse le vêtement religieux [1] et prononce en présence du moine, qui sera son répondant, la triple formule consacrée : « Je prends refuge dans le Bouddha je prends refuge dans la Loi (Dharma); je prends refuge dans le Sangha [2]. » Alors le maître lui communique les Dix Interdictions ou *Dasa-sîla* [3], et à partir de cet instant il fait partie de la Confrérie en qualité de *Çrâmanera*, il est devenu un *Arya*.

Lorsque, après un temps plus ou moins long (il ne parait pas y avoir eu de temps fixé pour la durée du noviciat), le Çrâmanera était jugé suffisamment instruit et avait donné des preuves de sa moralité et de la sincérité de sa vocation, sur sa demande et sur la proposition de son Upâdhyâya il était admis à l'état de parfait Bhikshou, de véritable

---

1. *Tri-civara.*

2. *Buddham çaranam gaccâmi: Dharmam çaranam gaccâmi; Sangham çaranam gaccâmi.*

3. 1º Défense de tuer; 2º défense de prendre ce qui n'est pas donné; 3º défense de manquer à la chasteté; 4º défense de mentir; 5º défense de boire des liqueurs fermentées; 6º défense de manger en temps prohibé; 7º défense de chanter, danser, faire de la musique, d'assister à des spectacles mondains; 8º défense de se parer de guirlandes de fleurs et d'ornements, de faire usage de parfums et d'onguents; 9º défense de coucher sur un lit élevé ou large; 10º défense de recevoir (en aumône) de l'or ou de l'argent. — Voir, pour plus de détails : Sir Monier William : *Buddhism*, pp. 75 à 79.

membre du Sañgha. Cette admission donnait lieu à une seconde cérémonie, appelée *Upasampadà*, beaucoup plus solennelle que la précédente; car elle se passait en présence d'un certain nombre de moines désignés par le Sañgha pour faire subir au novice une sorte d'examen et prononcer sur sa réception ou son exclusion. Le candidat à l'Upasampadà se présentait devant l'assemblée revêtu du costume jaune ou brun réglementaire, le pan de son manteau rejeté sur l'épaule gauche de façon à laisser à découvert l'épaule et le bras droit, et après s'être prosterné devant les anciens les suppliait par trois fois de l'admettre à l'initiation définitive; puis il s'asseyait et répondait à une série de questions relatives à son état de santé, à sa position sociale, à sa famille, à son âge, etc [1]. On ne l'interrogeait pas sur des questions religieuses parce que, d'une part, le maître qui le présentait était en quelque sorte garant de son instruction et de son orthodoxie, et que, d'autre part, le défaut de science et même d'intelligence n'était pas un motif d'exclusion, la voie du salut devant être ouverte à toutes les bonnes volontés sans autre restriction que le cas d'indignité.

Une fois admis, le nouveau moine est prévenu qu'il n'a à compter pour soutenir sa vie que sur les *Quatre Ressources* [2] du Bhikshou, qu'il doit observer,

---

1. Un malade de maladie incurable ou contagieuse, telle que la phtisie ou la lèpre, un hermaphrodite, un esclave, un soldat en activité de service, un débiteur, ne peuvent pas être admis dans le Sañgha.

2. 1º Pour nourriture, les aumônes qu'il recueille; 2º pour vêtements, des haillons; 3º pour demeure, les racines des arbres; 4º pour remèdes, l'urine et la bouse de vache.

sous peine d'être exclu de la Confrérie, les *Quatre Interdictions* majeures [1], et enfin qu'il a à se choisir parmi les membres distingués de la communauté un Maître et Directeur de conscience (Atchàrya) [2] chargé de lui enseigner toute la doctrine et de le guider dans ses actes pendant au moins cinq ans. Mais il ne prononce aucun vœu, pas même celui d'obéissance ; c'est de son plein gré, et en gardant toute sa liberté pour l'avenir, qu'il se soumet aux règles de l'Ordre et à la discipline, qu'il obéit à ses supérieurs et s'incline devant leurs avis, qu'il accepte dans l'espoir du salut la pauvreté, l'obligation de la mendicité (quelque répugnance qu'il puisse avoir), et le renoncement à toutes les joies du monde. Le jour où le fardeau lui semble trop lourd, il peut quitter la Confrérie et rentrer dans le monde sans aucun obstacle. Néanmoins le cas est rare, il faut bien le dire, soit à cause de ce certain respect humain, de cet orgueil, souvent mal placé, qui empêche de convenir qu'on s'est trompé même de la meilleure foi du monde, soit par crainte de cette injuste réprobation dont la société a de tout temps frappé ceux qu'elle appelle des apostats sans daigner s'informer des raisons déterminantes de leur changement de convictions.

Si, dans le début, et pour les raisons que nous avons indiquées, le Bouddha admettait, un peu trop

---

1. 1° Interdiction de tout acte immodeste et de toute relation sexuelle ; 2° interdiction de prendre ce qui n'est pas donné ; 3° interdiction de tuer ; 4° interdiction de prétendre faussement posséder la puissance surnaturelle.

2. *Acârya.*

facilement peut-être, tous les auditeurs qui réclamaient la faveur de faire partie de ses disciples, il se produisit, sans doute, bientôt des désordres graves, des scandales peut-être, au sein de la communauté qui l'obligèrent à éliminer quelques brebis galeuses, à prendre des mesures et à établir des règles rigoureuses pour interdire l'entrée dans la Confrérie à des membres indignes et à ceux dont l'admission eut pu donner lieu à des difficultés ou à des récriminations pénibles [1].

C'est ainsi que nous trouvons dans les livres bouddhiques l'interdiction, prononcée dès les premières années de la prédication de Gautama, de recevoir dans l'Ordre des novices non munis de l'autorisation de leurs parents [2], sauf dans le cas où « ils viennent de pays si éloignés que leur père et leur mère n'ont pas entendu parler de celui où est leur fils. » Le Vinaya [3] y revient à plusieurs reprises et surtout dans deux circonstances particulièrement curieuses et caractéristiques.

1. Il semble que ces règles aient surtout été établies en vue des admissions faites par les disciples du Bouddha en son absence, à moins qu'elles n'aient été promulguées que postérieurement à sa mort et lui aient été attribuées afin de leur donner plus d'autorité. — Voir à ce sujet : Sir Monier Williams : *Buddhism*, p. 76 ; — T-.W. Rhys Davids : *Hist. of the Indian Buddhism*, p. 156 ; — Léon Feer : *Fragm. trad. du Kandjour*, pp. 88 et suiv.

2. Les Jains, qui ont probablement précédé les Bouddhistes, vont plus loin encore : ils interdisent l'entrée en religion du vivant du père et de la mère, à cause des devoirs matériels et moraux du fils envers ses parents. — J. Stevenson : *Kalpa Sûtra*, p. 66.

3. Section des Écritures relative à la Discipline.

Une fois, le Bouddha étant avec ses disciples à Çràvastî, un jeune homme maltraité par son père quitte la maison paternelle, vient trouver un Bhikshou et se fait initier. Toutes les cérémonies étaient terminées lorsqu'arrive le père qui avait fini par trouver la trace de son fils. A ses réclamations les Bhikshous répondent en s'efforçant de le déterminer à se faire initier lui-même [1]; mais il ne se laisse pas convaincre, affirme son droit de ne pas croire en la doctrine et, finalement, s'adresse à Gautama lui-même, demandant qu'on lui rende son fils, ou, tout au moins, qu'on lui accorde sept ou huit jours de réflexion avant de considérer son initiation comme complète et définitive. Ayant réfléchi un instant, le Bouddha dit alors : « Désormais, Bhikshous, celui d'entre vous auprès duquel viendra un homme ayant le désir de se faire initier, dont le père et la mère sont vivants et qui n'aura pas la permission de l'un et de l'autre, le fera attendre sept ou huit jours [2]. »

L'autre exemple se rapporte aux faits qui se passèrent à Kapilavastu, lors de la visite que Çàkya-Mouni vint rendre à son père. Il avait, d'autorité, initié son fils Rahoula, et un tel nombre de Çàkyas, jeunes et vieux, poussés par un enthousiasme irrésistible, étaient venus se joindre à ses moines que ce ne fut bientôt par toute la ville, du palais à la plus humble chaumière, qu'un concert unanime de

---

1. Il semble, d'après ce récit, que l'on ne craignait pas de forcer les conversions. Voir aussi la conversion d'Udàyi (*Fragm. trad. du Kandjour*, p. 45) et l'initiation en masse des Çàkyas (*id.* p. 62).

2. Léon Feer : *Fragm. trad. du Kandjour*, p. 90.

lamentations de mères et de femmes délaissées.
Alors le roi Çouddhodana, se faisant auprès de son
fils l'interprète de ces plaintes et de ces douleurs,
lui représenta ce qu'il avait souffert lui-même en
se voyant abandonné de tous ses enfants et de ses
neveux, tous devenus moines, ce que souffraient
autour de lui tant de pères et de mères, d'épouses
et de fiancées, et le supplia d'avoir la compassion
d'annuler les initiations faites sans le consentement
des parents. Ému le Bouddha se mit à réfléchir :
« Quelle faute y a-t-il ici? La voici : les Bhikshous
ont initié et reçu solennellement des fils de famille
sans le consentement des père et mère; de là le
mal. Désormais, défense aux Bhikshous d'initier et
de recevoir solennellement un fils de famille sans
le consentement des père et mère : tout Bhikshou
auquel se présentera un individu ayant le désir
d'être initié devra lui demander s'il a la permission
de ses père et mère. Faute de faire cette question,
on se rend coupable d'une grave transgression [1]. »

D'après le Mahà-Vagga [2] il est interdit d'accorder
la première initiation à un jeune homme âgé de
moins de quinze ans, et la seconde, celle qui fait
le véritable moine, avant l'âge de vingt ans. Le
même ouvrage indique aussi comme causes d'exclusion absolue certaines infirmités et certaines
maladies, telles que la lèpre, les éruptions, la phtisie, l'épilepsie, le fait d'être boiteux, manchot,
bossu ou borgne. Ne peuvent également pas être
admis dans la Confrérie ou doivent en être expul-

----

1. Léon Feer : *Fragm. trad. du Kandjour*, p. 92.
2. Traité qui fait partie du Vinaya.

sés, les parricides [1], le meurtrier d'un Arhat [2], celui qui a mis le désordre dans la communauté[3], les coupables de l'un des quatre grands crimes [4], les esclaves, les soldats au service du roi, les malfaiteurs sous le coup de condamnations ou de poursuites judiciaires et les débiteurs insolvables.

Le Costume et les accessoires du Bhikshou.

Les ascètes brâhmaniques n'étaient astreints à aucune règle particulière de costume ; ils suivaient sur ce point leur fantaisie ou les inspirations de leur dévotion. Généralement ils laissaient croître leurs cheveux et leur barbe, et portaient de grossiers vêtements de chanvre, de coton ou d'écorce, ou bien encore des peaux de daims ou d'autres bêtes sauvages ; quelques-uns, les Sannyâsîs, par mortification (à moins que ce fût pour affirmer leur dédain des lois mondaines et des usages), s'imposaient la nudité complète ou restreignaient leur vêtement à un lambeau d'étoffe noué autour des reins. Chez les Jains Digambaras [5] la nudité absolue était de rigueur.

Çâkya-Mouni protesta toujours contre ces extravagances et ces excès de mortification qu'il trouvait blessants pour la décence ; il voulait que le vêtement servît à la fois à sauvegarder la bien-

---

1. Léon Feer : *Fragm. trad. du Kandjour*, p. 91.
2. Id. : *ibid.*, p. 98,
3. Id. : *ibid.*, p. 101.
4. Id. : *ibid.*, p. 103.
5. *Digambara* « vêtu du ciel, ou de l'air ».

séance et à protéger le corps contre les intempéries des saisons, tout en distinguant nettement ses moines, par sa forme et sa couleur, du reste de la population.

Le costume du Bhikshou, tel que le prescrivent les règles de l'Ordre, est, en effet, très caractéristique ; il nous est devenu familier grâce aux nombreuses images du Bouddha et des saints bouddhiques que l'Orient nous a envoyées. C'est, à peu de chose près, celui des Grecs et des Romains de nos monuments ; c'était, sans doute, le vêtement des philosophes indous au temps du Bouddha et longtemps après encore.

Le moine bouddhiste a la barbe et les cheveux rasés ; peut-être par esprit de renoncement, comme sacrifice de la parure naturelle à laquelle l'homme tient le plus [1] ; peut-être, en réalité, par simple mesure d'hygiène et de propreté et pour éviter des soins de toilette trop minutieux [2]. Son vêtement (*tri-çivara*) se compose de trois pièces : l'une très courte, s'attachant autour de la taille et tombant jusqu'aux genoux (*Sanghâti*); la seconde, en forme de tunique (*Antara-Vâsaka*); la troisième, une pièce d'étoffe carrée, servant de manteau, s'attachant sur l'épaule gauche de façon à laisser à découvert l'épaule et le bras droits (*Uttara-Sanghâti*). Primitivement toutes les pièces du vêtement devaient être des haillons usés donnés aux religieux à titre d'aumône, sans aucune valeur mar-

1. A rapprocher de la tonsure des prêtres d'Isis et du clergé catholique.
2. Comme les Musulmans, par exemple.

chande ; mais comme il arrivait que de zélés fidèles donnassent des pièces d'étoffe neuve, pouvant se vendre ou s'échanger, faire par conséquent l'objet d'un lucre ou d'un trafic contraire aux principes de pauvreté et de désintéressement qui doivent être la règle de conduite du Bhikshou, Çàkya-Mouni ordonna que tout religieux qui recevrait une pièce d'étoffe neuve devrait immédiatement la déchirer en au moins trois morceaux que l'on recoudrait ensuite pour leur donner la forme et l'ampleur voulues [1]. C'est pourquoi, en Chine et au Japon, où le luxe des ornements religieux est arrivé à un degré prodigieux, les chàpes du clergé bouddhique, merveilleusement brochées de soie et d'or, sont constellées de petites pièces carrées disparates, de couleurs et de dessins différents, destinées à simuler les raccommodages canoniques.

Ce vêtement devait être teint en ocre jaune ou rouge brun (jaune suivant le canon pàli, rouge selon le canon sanskrit), rappelant la couleur du suaire qui fit le premier manteau du Bouddha. Cette question de couleur, tout insignifiante qu'elle nous paraisse, a cependant été l'occasion de querelles prolongées, on pourrait presque dire de schismes, deux grandes sectes rivales ayant arborées l'une le jaune, l'autre le rouge. Il serait bien difficile de décider de quel côté était la vérité. Quoi qu'il en soit, le jaune domina à Ceylan et en Chine, tandis qu'au Tibet le rouge lutte avec avantage, et que les Japonais, sans doute pour ne pas

1 Cunningham : *Bhilsa Topes*, p. 61. — Sir Monier Williams : *Buddhism*, p. 80.

avoir à prendre parti dans une si grave discussion, ont adopté la couleur noire pour la tenue journalière.

Quand il demeure dans son couvent, ou quand il se livre aux travaux courants, tels que fendre du bois, porter des fardeaux, chercher de l'eau, piocher la terre, le moine ne porte que la Sanghâti et la tunique, qu'il doit conserver même pendant la nuit. Il ne revêt le manteau que pour se présenter en public.

Ce costume s'est perpétué à Ceylan ; partout ailleurs il s'est modifié suivant les climats et les usages des peuples chez qui le Bouddhisme s'est implanté.

En plus de son vêtement, les seuls objets que le Bhikshou puisse posséder en propre consistent en : — un bol ou vase de forme ronde *(pâtra)*, habituellement en bois ou quelquefois en terre grossière, qui lui sert à récolter les aumônes de vivres qu'on lui donne pour sa nourriture, — un bâton de voyage, ordinairement surmonté d'un sistre à anneaux dont les tintements annoncent la présence du mendiant qui ne doit pas solliciter de vive voix les aumônes, — un rasoir, — une aiguille pour raccommoder ses vêtements, — une ceinture. Aujourd'hui pourtant on y a ajouté, presque partout, un éventail de feuilles de palmier *(panka)*, un bandeau de mousseline qui se met sur la bouche afin d'empêcher les insectes d'y pénétrer, un filtre à eau, un rosaire ou chapelet, un chasse-mouches fait d'une queue de vache, de cheval ou de yack qui sert à la fois à écarter les moustiques et les mauvais esprits. Ce dernier objet est exclusivement l'attribut des grands prêtres et des supérieurs de couvents, comme une sorte d'insigne spécial de leur dignité.

Devoirs et occupations journalières du Bhikshou.

Nous connaissons déjà en grande partie, les devoirs du bouddhiste par l'énonciation des cinq Interdictions et des dix Péchés [1], des cinq Préceptes, des dix Règles de Bonne conduite et des six Vertus cardinales [2]. Naturellement le religieux est tenu à observer ces commandements avec plus de zèle et de scrupules que le simple laïque ; mais, de plus, il a encore certains règlements et certaines prescriptions qui lui sont absolument personnels, qui constituent des obligations spéciales à son état. En premier lieu figurent les quatre Défenses [3], répétition jusqu'à un certain point des cinq Interdictions générales, mais exprimées d'une façon plus catégorique, affirmées avec une plus grande énergie, devenues la condition *sine qua non* de l'admission et du séjour dans la Confrérie. En raison de leur importance capitale, nous croyons devoir rappeler ces quatre Défenses qui concernent : 1° l'Impudicité et les relations ou actes sexuels ; 2° l'action de s'approprier une chose qui n'est pas donnée, fut-ce un brin d'herbe ; 3° le meurtre d'un être vivant quelconque, même d'un insecte ou d'une plante ; 4° la fausse prétention au pouvoir de thauma-

1. Voir page 106.
2. Voir pages 108 et 109.
3. Voir page 140.

turge. Toute transgression de l'une de ces quatre Défenses entraîne *ipso facto* l'expulsion du Saṅgha : une véritable excommunication [1].

Puis viennent une série de prescriptions plutôt disciplinaires et de moindre importance : Ne porter que des vêtements reçus comme aumônes et non achetés, les déchirer en trois morceaux au moins s'ils sont neufs ; — ne pas posséder autre chose que les vêtements et les accessoires indispensables prescrits par la Loi [2] ; — ne recevoir ni or, ni argent, ni monnaie quelconque ; — ne manger que la nourriture reçue chaque jour en aumône sans l'avoir demandée [3] ; — ne faire qu'un seul repas au milieu du jour ; — jeûner quatre jours par mois ; — ne pas voyager pendant les quatre mois de *Vassa*, ou saison des pluies [4] ; — s'abstenir autant que possible de se coucher sauf pour dormir ; — fréquenter les cimetières et les lieux de crémation en méditant sur la corruption et la destruction de tout ce qui est formé de composés ; — ne pas parler aux femmes et ne pas les regarder. Cette dernière prescription est très rigoureuse, à en juger par le dialogue suivant que le Culla-Vagga [5] met dans la bouche du

1. Sir Monier Williams : *Buddhism*, pp. 80 et 82.

2. Voir page 117.

3. Le mendiant bouddhiste, s'arrête à la porte de la maison où il quête, et frappe le seuil avec son bâton pour annoncer sa présence ; si on ne lui donne rien il doit passer son chemin sans rien réclamer.

4. L'humidité faisant sortir de terre les jeunes pousses et d'innombrables insectes, on s'exposerait à les écraser et à commettre ainsi des meurtres involontaires en voyageant dans cette saison.

5. L'un des traités du Vinaya.

Bouddha et de son disciple de prédilection, Ananda, l'avocat des femmes : « Quand les Bhikshous rencontrent des femmes, comment doivent-ils se comporter? demande Ananda. — Ils ne doivent pas les voir. — Mais s'ils les voient, que doivent-ils faire? — Ne pas leur parler. — Mais si elles leur adressent la parole? — Qu'ils concentrent leurs pensées dans une méditation profonde [1]. »

Ce sont là les règles les plus générales ; mais il y en a encore une infinité d'autres trop insignifiantes pour qu'il soit besoin de les rapporter, et parmi celles-ci quelques unes de véritablement puériles, telles que la défense de se frotter le corps avec une brique pour enlever la boue, la poussière ou la sueur [2], de s'enduire les dents avec de la chaux [3], de faire usage de parfums et d'onguents, de recommencer à manger après avoir pris un repas suffisant, de conserver de la nourriture pour le lendemain [4], la prescription de bien mâcher pour éviter les maladies [5], de bien balayer et de nettoyer le *Vihâra* ou le *Tchaïtya* pour mériter de renaître dans une bonne condition [6].

Les infractions aux Défenses et aux Préceptes constituent naturellement des péchés de gravité

1. Sir Monier Williams : *Buddhism*, p. 86. On voit que le Bouddhisme considère la femme comme le plus dangereux agent de perdition.

2. Léon Feer : *Fragm. trad. du Kandjour*, p. 101.

3. Ibid. p. 107.

4. Le moine qui a reçu plus de nourriture qu'il ne peut en consommer doit distribuer ce qui lui reste à ses frères.

5. Léon Feer : *Fragm. trad. du Kandjour*, p, 257.

6. Ibid. p. 258. — *Vihâra*, monastère ; *Caitya* (Tchaïtya) temple, chapelle abritant des reliques.

diverse. Les transgressions aux quatre Grandes Défenses entraînent, ainsi que nous l'avons déjà vu, l'expulsion de la communauté ; quant aux autres, le Bhikshou peut et *doit* s'en purifier par une *Confession* [1], qui a pour effet, non de détruire le péché par rémission ou absolution, mais de décharger la conscience du coupable par l'aveu, d'atténuer la conséquence de l'acte et d'expier par les pénitences imposées la faute commise contre les règles de la discipline. Cette confession se fait de religieux à religieux [2], ou bien publiquement en présence du Sangha assemblé, le jour appelé *Uparasatha* et pendant lequel se récite le *Prâtimoksha Sûtra*, liste de tous les péchés possibles contre la morale générale et en particulier contre la Loi [3]. Primitivement cette cérémonie n'avait lieu que deux fois par mois, à la nouvelle et à la pleine lune, plus tard on la pratiqua quatre fois par mois, aux jours désignés par les quartiers de la lune, c'est-à-dire toutes les semaines, comme le Sabbat [4]. Une

1. P. E. Foucaux : Préface de l'ouvrage de Mme Mary Summer : *Les Religieuses Bouddhiques*. — T-W. Rhys Davids : *Hist. of the Indian Buddhism*, p. 41. — Sir Monier Williams : *Buddhism*, pp. 62 et 81. — M. Woodville Rockhill : *Prâtimoskha Sûtra* : Revue de l'hist. des rel. t. IX, 1884, p. 167. — H. Oldenberg : *Buddha, sein Leben, etc.*, p. 378.

2. Il n'est pas stipulé qu'elle doive se faire à un supérieur. Cependant la lecture du Prâtimoksha Sûtra doit être faite par le moine le plus ancien. — Voir H. Oldenberg *Buddha*, etc. p. 379.

3. M. Woodville Rockhill : *Prâtimoksha Sûtra;* Rev. de l'Hist. des Rel. t. IX, 1884, pp. 3 et 167.

4. T-W. Rhys Davids : *Hist. of the Indian Buddhism*, p. 41. — Voir aussi Sir Monier Williams : *Buddhism*. p. 81.

autre cérémonie de confession plus solennelle se célébrait à la fin de la saison des pluies, le jour dit de *Pravàraṇà*, en présence de toute la communauté [1].

Les laïques ne sont pas assujettis à l'obligation de la confession ; elle leur est facultative.

Si nous en jugeons par le peu que nous apprennent les Sûtras et les divers traités du Vinaya que l'on peut attribuer à la période primitive, la journée du Bhikshou devait se partager entre la méditation, la quête de nourriture suivie du repas de midi réglementaire, et les instructions dogmatiques et doctrinales données devant le Sangha assemblé. Peut-être la matinée était-elle, en partie, consacrée à la récitation des leçons précédentes du Maître et à des controverses entre les disciples que l'on soumettait ensuite au jugement du Bouddha? Mais, en tout cas, la quête pour la nourriture, cette dure leçon de modestie et d'humilité imposée aux moines et surtout aux novices, en prenait certainement plusieurs heures. A l'heure fixée par le Maître ou le Supérieur, toute la Confrérie quittait le couvent ou le lieu quelconque de sa réunion et se répandait par groupes ou isolément dans les villes, les villages ou les hameaux environnants, frappant à toutes les portes et tendant silencieusement les bols à aumônes pour recevoir le riz et toute espèce d'aliments, plats cuisinés exprès pour les moines par des laïques dévots, ou restes du repas de la famille ; puis la récolte faite chacun rentrait au logis commun,

---

1. Sir Monier Williams : *Buddhism*, p. 81.

La même pratique existe chez les Jaïns, J. Stevenson : *Kalpa-Sûtra*, p. xxiii.

mangeait silencieusement et avec résignation la part qui lui était échue, puis après quelques instants de repos reprenait sa tâche quotidienne. L'après midi, sans doute était employée par les leçons de Çàkya-Mouni et par les instructions à donner aux novices et aux postulants.

Plus tard, lorsque le bouddhisme sera devenu une religion, le prêtre aura un rôle plus important à jouer; il deviendra instructeur religieux et maître d'école; il aura chaque jour à lire à ses ouailles de longs chapitres des Écritures, à réciter avec eux des formules de prière et de magie, de longues litanies, et à accomplir, en l'honneur des Bouddhas et des saints ou pour le plus grand avantage des fidèles, des rites nombreux et minutieux dont il saura bientôt tirer un profit que certainement Çàkya-Mouni n'avait pas prévu.

Les Bhikshounis ou Nonnes.

Une des innovations les plus considérables que le Bouddhisme introduisit dans les mœurs est, sans contredit, l'institution de l'ordre des *Bhikshounis*, ou religieuses, parallèlement à celui des moines. Pour qui connaît la situation faite à la femme veuve, ou non mariée, par les usages et les lois bràhmaniques (encore qu'elles fussent plus favorables à son égard que celles de la plupart des autres peuples de l'antiquité), l'état de servitude où elle était tenue, le mépris dont était frappé le sexe féminin tout entier en raison de la légèreté, de la frivolité, du penchant au bavardage[1] et de l'humeur querelleuse qu'on lui attribuait généreusement, son admission dans la communauté constitue une sorte de réhabilitation ; mais elle eut surtout l'immense avantage d'ouvrir un asile respectable aux déshéritées, aux désabusées, aux repentantes, aux victimes du monde et de la destinée, appartinssent-elles aux derniers rangs de la société comme la timide Tchandalî[2] qui n'osait, crainte de le souiller par son contact, donner à Ananda le verre d'eau qu'il lui demandait, ou comme la courtisane Vâsavadattâ condamnée pour meurtre et abandonnée dans un cimetière les oreilles, le nez, les mains et les pieds coupés, objet d'horreur pour tous, consolée, soignée et convertie par le moine Upagupta qu'elle avait jadis tenté de séduire, et mourant en paix parmi les sœurs, dans le couvent, — ou bien fussent-elles nées sur les marches d'un trône comme les illustres princesses Gautami[3], Gopâ[4] et Sanghamittâ[5].

Il ne faudrait pas s'imaginer, cependant, que cette institution résulta de l'initiative du Bouddha, et fut de sa part le fruit d'un plan voulu et réfléchi de relèvement de la condition de la femme. Bien loin de là, Çâkya-Mouni avait, sous ce rapport, toutes les idées et tous les préjugés de son temps et de

---

1. Encore aujourd'hui, dans l'Inde, en Chine et au Japon, le bavardage est une des causes de divorce (ou de répudiation) les plus sérieuses que le mari puisse invoquer contre sa femme.

2. Femme hors-caste, inférieure à une Pariyâ.

3. Tante du Bouddha.

4. Femme de Çâkya-Mouni.

5. Fille du roi Açoka.

son pays [1] ; il était non seulement misogame mais même misogyne (ce qui ne s'accorde guère, au fond, avec son principe d'amour universel pour tous les êtres), il se méfiait de la légèreté, de l'inconstance et du caractère passionné de la femme ; au point de vue de la discipline, il redoutait son influence sur les Bhikshous. Aussi se refusa-t-il longtemps à la création de l'ordre des Bhikshounis et ne consentit-il enfin à la sanctionner qu'à contre cœur et après des assauts répétés.

C'était, nous disent les Écritures bouddhiques, pendant son séjour à Kapilavastu [2], après la conversion et l'initiation du peuple des Çàkyas presque tout entier : cinq cents femmes des premières familles, ayant à leur tête Gautamî, sa tante, et Gopà, sa femme, vinrent le supplier de leur accorder à elles aussi le privilège de l'initiation. Déjà même elles avaient fait couper leurs cheveux et avaient revêtu le grossier costume que portaient les moines. Elles prièrent en vain ; en vain elles s'attachèrent à ses pas, répétant sans cesse leurs supplications ; il fut inébranlable et les renvoya impitoyablement à leurs ménages, répondant à Gautamî qui le suppliait de leur expliquer la doctrine : « Gautami, tout ce qui conduit à l'absence de passion, à

1. La femme est un être inférieur, même au point de vue religieux ; la plus grande récompense qu'elle puisse mériter c'est de renaitre homme ; dans cette condition seulement elle peut arriver à la délivrance. — Voir E. Burnouf : *Lotus de la Bonne Loi*, p. 163.

2. On a tout lieu de supposer que la fondation de l'Ordre des Bhikshounis eut lieu beaucoup plus tard, vers les dernières années de la vie du Bouddha.

l'absence d'orgueil, à se contenter de peu, à ne pas désirer beaucoup, à vivre dans la retraite, à ne pas aimer le monde, à faire des efforts sérieux et à ne pas vivre dans l'indolence, à être content et à ne chercher querelle à personne, en vérité, c'est là la vraie doctrine. [1] » Enfin, Ananda, le neveu de Çàkya-Mouni et son disciple de prédilection, intercède pour elles, représente avec tant d'éloquence leur bon vouloir, leur ferveur, leur droit à profiter elles aussi de la voie de salut ouverte par le Bouddha, que le maître finit par céder et leur permet de recevoir l'initiation et de faire partie du Sangha, mais à condition qu'elles se soumettront, scrupuleusement et sans murmures, aux lois dures qu'il leur imposera, parmi lesquelles les premières sont : recevoir les leçons et les avis des moines et venir se confesser à eux deux fois par mois; ne pouvoir être initiées que par les moines ; considérer tout moine, fut-ce le plus jeune des novices, comme leur supérieur.

De fait, la règle des religieuses (Bhikshunî Vinaya Vibhanga et Bhikshunî Pràtimoksha) est la même que celle des Bhikshous, avec seulement un certain nombre d'articles additionnels spéciaux et une sévérité plus grande. Ainsi, les cas d'exclusion de la Confrérie [2] sont portés de quatre à huit; les fautes graves [3], qui doivent être soumises au jugement du Sangha, de treize à vingt, et les délits passibles de confession publique [4] de cent vingt-quatre à deux

1. Sir Monier Villiams : *Buddhism*, p. 86.
2. *Pàrâjika.*
3. *Sanghàdiserâ.*
4. *Pàcittiyâ.*

cent vingt et un [1]. Des articles spéciaux leur défendent surtout de faire le métier d'entremetteuse, de se livrer à des écarts de langage, des calomnies ou des médisances, de voyager seules ou avec un moine, de passer la nuit hors du couvent, de blasphémer le nom du Bouddha, la Loi et la Confrérie, de susciter des querelles, de donner de mauvais conseils, de pousser à la révolte, etc., sans compter bon nombre de prescriptions secondaires relatives à l'amour du luxe, à la toilette, à la coquetterie, à l'envie, à la jalousie et autres péchés mignons du sexe féminin [2].

La vie journalière de la Bhikshounî est, comme celle du moine, partagée entre la méditation, la récitation des leçons entendues, la quête de la nourriture et l'audition des enseignements donnés par le Bhikshou chargé de la direction du couvent. Les nonnes paraissent aussi avoir rempli quelque fois les fonctions d'institutrices pour les jeunes enfants.

Leur costume était exactement le même que celui du Bhikshou, un peu plus ample et plus long, peut-être, afin de mieux sauvegarder la pudeur [3], et la tonsure leur était imposée absolument comme

---

1. Voir Woodville Rockhill : *Prâtimoksha-Sûtra* ; *Revue de l'hist. des rel.*, IX, 1884, pp. 3 et 167.

2. *Prâtimoskha-Sûtra*, l. c.

3. Cunningam *(Bhilsa Topes*, p. 62) rapporte cependant que, dans les bas-reliefs du Tope de Sanchi, les figures de Bhikshounis ont le sein droit découvert. Il suppose que l'artiste a employé ce moyen pour distinguer les sexes de ses personnages, à défaut de la chevelure également rasée chez tous.

à leurs frères de l'ordre masculin. Les prescriptions étaient aussi les mêmes relativement aux objets accessoires qu'il leur était permis ou ordonné de posséder.

Les Vihâras.

Les Sûtras qui rapportent les premiers événements de la vie du Bouddha le représentent errant de ville en ville suivi de la troupe de ses disciples, s'arrêtant plus ou moins longtemps dans les localités où la richesse et la ferveur des habitants pouvaient fournir à l'alimentation et à l'entretien de la confrérie, prenant ses quartiers d'hiver [1] dans des villes de quelque importance et disséminant alors les Bhikshous dans les maisons de ses plus zélés sectateurs laïques; mais ils nous apprennent aussi que, de bonne heure, des rois, des princes, de riches convertis, voulant faire acte méritoire de dévotion, offrirent à la Confrérie de vastes terrains [2] sur lesquels ils firent édifier des monastères d'après les plans fournis ou approuvés par le Bouddha. Les moines bouddhistes purent ainsi, retirés du monde et cependant à proximité des *donneurs d'aumônes* [3], mener la vie en commun rêvée par leur Maître qui tenait l'isolement et la solitude absolue pour aussi dangereux que la fréquentation du

---

1. Saison des pluies ou de *Vassa*.

2. Ordinairement des jardins ou des bosquets à proximité des villes.

3. Le Bhikshou ne peut se livrer à aucun travail destiné à assurer sa subsistance; il ne doit vivre que d'aumônes.

monde et les promiscuités qui pouvaient en résulter.

Ces monastères, les *Vihâras*, furent sans doute d'abord construits en bois, comme presque toutes les habitations du pays. Les écritures bouddhiques en font des descriptions merveilleuses; à les en croire ce seraient de véritables palais des Mille et Une Nuits; malheureusement elles oublient complètement de parler de leur distribution intérieure, et nous apprennent seulement qu'il renfermaient une salle, intérieure ou extérieure, pour les réunions du Sangha et des cellules pour les moines. Peut-être se composaient-ils, comme ceux qui existent encore aujourd'hui au Tibet, de plusieurs édifices disposés autour d'une cour au centre de laquelle s'élevait la salle du Conseil? Comme il n'en reste aucune trace, nous en sommes réduits aux conjectures, et le peu de ruines de Vihâras construits en pierre que l'on rencontre sur le sol de l'Inde sont tellement dégradées qu'elles ne nous fournissent guère plus de renseignements [1]. Pour nous rendre compte de ce que pouvait être un Vihâra des temps primitifs, nous n'avons d'autres ressources que les monastères souterrains, assez nombreux heureusement et assez bien conservés, mais probablement de beaucoup postérieurs à l'époque du Bouddha, puisqu'on y trouve des statues et des bas-reliefs d'un art remarquable [2]. Ces asiles des moi-

---

1. Cunningham : *Bhilsa Topes*, p. 5. — Voir aussi, F. S. Growse : *Mathurâ a District Memoir* et J. Fergusson and J. Burgess : *Archaeological Survey of India*.

2. On admet généralement que l'art sculptural ne s'est développé dans l'Inde que vers l'époque d'Açoka, c'est-à-dire après l'expédition d'Alexandre le Grand.

nes, grottes naturelles aménagées pour les besoins de la communauté, ou excavations creusées dans le roc, se composent généralement d'un certain nombre de cellules et d'un corridor; chaque cellule étant munie d'un lit ou banc taillé dans la pierre vive; quelquefois on y trouve aussi une salle carrée, de dimensions variables, destinée aux réunions du Sangha. Dans les Vihâras les plus modernes, chaque cellule est ornée d'une image sculptée du Bouddha renfermée dans une niche. Toutes les fois que c'était possible on faisait passer dans le corridor une source ou un ruisseau capté dans la montagne, ou bien on creusait un puits afin de pourvoir aux besoins de la communauté. Quand il y avait impossibilité absolue on s'arrangeait pour faire passer un ruisseau à la porte du monastère, ou organiser un étang à peu de distance [1]. Les cellules assez petites étaient quelquefois doubles; dans ce cas le lit se trouvait dans la seconde pièce; c'était habituellement une sorte de niche d'un mètre cinquante de hauteur et de deux mètres de largeur, sur une profondeur de quatre-vingt à quatre-vingt-dix centimètres, creusée dans la paroi rocheuse à environ soixante-dix centimètres au-dessus du sol. Nous possédons en Europe, à Salzbourg, un spécimen d'asile de ce genre qui servit, dit-on, de refuge aux premiers chrétiens au temps des persécutions.

Les monastères actuels sont beaucoup plus confortables; les cellules, ordinairement doubles, sont grandes et bien aérées; le banc de pierre est rem-

---

1. J. Burgess : *Cave Temples of India*, p. 175.

placé par un lit de bois ; une table et des escabeaux complètent le mobilier du moine ; enfin, en plus de la salle de réunion, ils possèdent une bibliothèque, quelquefois très riche, un vaste réfectoire où les repas se prennent en commun, des cloîtres, des cours et de vastes jardins parfaitement entretenus par les soins des moines.

Naturellement, il n'existait point de temples dans ces antiques monastères, ni autour d'eux, puisqu'il n'y avait pas encore de culte nouveau établi, que celui des anciens dieux était aboli, et qu'il n'y avait ni cérémonies, ni rites religieux ; ce n'est qu'après la mort du Bouddha que nous verrons apparaître des monuments votifs commémoratifs des épisodes de sa vie élevés aux lieux illustrés par sa présence, les chapelles à reliques et funéraires, les tombeaux, toute la série de constructions de plus en plus luxueuses qu'on appelle des noms de *Tchaïtya* (Caitya), *Stoupa* (Stupa), *Topes*, etc.

Les fidèles Laïques ou Upâsakas. Règles qui les concernent. Leurs devoirs, leur rôle et leur situation religieuse dans la communauté.

Nous nous sommes étendu un peu longuement peut-être sur la constitution de la Confrérie des religieux bouddhistes ; c'est qu'en réalité c'est là le point le plus intéressant, tant parce qu'il donne la notion juste de ce que pouvait être le Bouddhisme primitif, qu'à cause de l'action que nous allons bientôt voir la Confrérie exercer sur le développement de la religion qui se fondera grâce à elle aussitôt après la mort de Çàkya-Mouni, et aussi du spectacle éminemment instructif de l'évolution rapide par laquelle le Sangha se transformera en une hiérarchie sacerdotale aussi puissante, aussi envahissante, aussi despotique et aussi dangereuse pour la société que le sacerdoce brâhmanique contre lequel s'était faite la réforme bouddhique.

La doctrine de Çàkya-Mouni, si libérale et si universaliste qu'elle fut, ne s'adressait en réalité, comme tous les systèmes philosophiques, qu'à une élite de penseurs préoccupés de l'au-delà. Abandonner le monde, renoncer à toutes les satisfactions, se vouer à la chasteté, à la pauvreté, à la mendicité, passer sa vie dans la méditation, sont des pratiques qui peuvent convenir à certains esprits mystiques, exaltés, lassés et désabusés, mais qu'il est difficile de concevoir comme règles de vie pour tout un peuple. Le monde tout entier transformé en un immense couvent, ce serait peut-être l'idéal pour quelques dévots fanatiques, mais ce serait sûrement le suicide de l'humanité; et que deviendraient les Bhikshous eux-mêmes le jour où ils n'auraient plus personne qui subvînt à leurs besoins. Aussi n'est-il guère probable que cet idéal ait jamais germé dans le cerveau du Bouddha, et qu'il ait jamais songé à faire adopter les règles rigoureuses de sa doctrine à la masse de ses concitoyens. Il comprenait très bien que pour la foule quelques principes de morale suffisaient largement, surtout avec l'appoint de la frayeur salutaire des malheurs et des tourments réservés aux coupables dans une autre vie; il ne se dissimulait certaine-

ment pas que le Nirvâṇa, le Svarga, les spéculations savantes sur l'autre monde la laisseraient
toujours froide et ne vaudraient jamais pour elle
l'appât d'une renaissance heureuse dans une condition meilleure, et, dans ce monde, l'espoir de la
richesse, voire même simplement d'une bonne
récolte. C'est ce qui explique combien peu il s'est
préoccupé de la partie laïque de ses fidèles. Peut-
être comptait-il aussi sur l'attrait de la nouveauté,
sur l'enthousiasme que devaient provoquer ses idées
de charité et d'amour universel, ses principes de
liberté, d'égalité, de fraternité supprimant les bar-
rières des castes, et, qui sait, sur le plaisir de faire
acte d'opposition aux brâhmanes, les maîtres d'alors,
pour attirer à lui la foule. Et, de fait, il semble bien
que les laïques furent nombreux qui s'affilièrent à
la communauté dès son vivant.

Il ne fit pas de règles spéciales pour les laïques,
les *Upâsakas* [1], comme on les appelait. Venait qui
voulait écouter ses discours ou demander une instruction superficielle à ses Bhikshous, et ceux qui,
séduits par son éloquence et sa morale, désiraient
faire acte d'adhésion à la foi nouvelle n'avaient
probablement qu'à prononcer la formule du *Triple Refuge* dans le Bouddha, la Loi et le Saṅgha
sans subir la moindre formalité d'initiation [2]. On
leur recommandait de vivre moralement en obser-

---

1. « Serviteurs » : Ce nom indique bien l'état d'infériorité
du laïque en face du moine.

2. On ne trouve pas trace d'une initiation pour les laïques
dans les livres bouddhistes. Peut-être, cependant, les laïques convertis prenaient-ils l'engagement de fournir par
leurs aumônes à la subsistance de la Confrérie?

vant les cinq *Interdictions* et en se conformant aux cinq *Préceptes*; mais il ne paraît pas qu'on leur ait jamais prescrit, ni même conseillé de rompre avec le culte pratiqué dans leurs familles, de ne pas prendre part aux sacrifices offerts aux dieux bràhmaniques, de refuser les dons qu'il était coutume d'offrir aux bràhmanes.

Il n'était question pour eux, en ce temps-là, ni de prières, ni de jeunes, ni de cérémonies, pas même de l'obligation d'assister aux sermons et aux instructions du Bouddha ou des moines; le seul devoir qu'on leur imposât c'était de faire l'aumône aux Bhikshous en leur fournissant la nourriture de chaque jour, les vêtements et autres objets réglementaires dont ils pouvaient avoir besoin. En ce faisant, le laïque gagnait les mérites nécessaires pour renaître dans une bonne condition, meilleure ou tout au moins égale à celle qu'il possédait. S'il manquait à ce devoir de libéralité, on le punissait en défendant aux Bhikshous de jamais plus rien recevoir de lui, et il était voué à une existence misérable dans l'autre vie, à renaître Préta, animal, ou homme de basse caste. Au point de vue religieux il n'avait aucun droit dans la Confrérie; tout son rôle consistait à faire vivre les moines. Son instruction était bornée aux premiers principes indispensables; seulement il avait toujours le droit, quelque soit sa condition, de demander à entrer dans le Sañgha s'il se sentait le désir de parvenir au salut que seuls les Bhikshous peuvent atteindre [1]

1. Cette restriction n'existe pas dans l'enseignement de Çàkya-Mouni; elle est d'invention postérieure.

Naturellement il n'exerçait aucune influence sur les décisions et les actes du Saṅgha, et cependant nous le verrons tout à l'heure, lorsque le Bouddhisme sera devenu une religion, imposer ses idées, ses passions, ses superstitions au conseil de l'ordre par la toute puissance du nombre et l'influence irrésistible de ses préjugés et de son enthousiasme pour le fondateur de sa croyance.

CHAPITRE VII

CONCILES. — LITTÉRATURE SACRÉE. — MISSIONS DE
PROPAGANDE. — SCHISMES ET ÉCOLES. — DHYANI-
BOUDDHAS ET DHYANI-BODHISATTVAS. — SECTES. —

Conciles de Râjâgriha, de Vaiçâli et de Pâtaliapoutra. —
Compilation et rédaction des Écritures. Le Tripiṭaka. Les
Jâtakas. Les Avadânas. — Langue de la littérature sacrée.
— Missions de propagande. — Schismes et Écoles : Hinayâna
et Mahâyâna. — Les Dhyâni-Bouddhas et les Dhyâni-
Bodhisattvas. — Les Sectes.

Conciles de Râjâgriha, de Vaiçâli et de Pâtaliapoutra.

A peine le Bouddha était-il mort que des dissensions se déclaraient dans le Sangha, des dissenti-
ments surgissaient non seulement quant au sens
des enseignements, mais même sur le fond de la
doctrine, chacun des auditeurs du maître apportant
sa version et affirmant que c'était la meilleure,
la seule vraie, appuyant ses dires sur tel ou tel
sermon qu'il avait entendu dans telles ou telles
circonstances particulières [1] ; la discipline était

1. Au fond ils pouvaient tous avoir raison, car le Bouddha
a répété jusqu'à satiété les mêmes enseignements dans des
termes différents et dans tant de lieux qu'il est impossible
que la plupart des disciples aient pu les entendre tous, à
l'exception peut-être d'Ananda, de Çâripoutra et de Maud-
galyâyana qui ne le quittaient guère.

ébranlée; l'existence même de l'édifice si laborieusement construit était mise en péril par les insoumis et les brouillons qui maintenant relevaient la tête, ne craignant pas d'approuver hautement ces paroles du moine Subhadra : « Pourquoi prendre le deuil, ò Révérends ? Nous voici heureusement débarrassés de la tutelle du grand Çramaṇa. Il ne nous fatiguera plus avec ses : — Ceci est licite ! Cela est défendu ! — Nous pouvons maintenant faire ce que bon nous semble, et négliger ce qui nous déplaît [1] !»

Aussi, pénétrés de la nécessité urgente de mettre fin à tout ce désordre, de couper court à ces tendances pernicieuses qui menaçaient de tourner au schisme, les disciples fidèles décidèrent-ils de réunir immédiatement en un Concile solennel les plus illustres d'entre eux, ceux surtout qui avaient approché de plus près et suivi le plus longtemps le maître regretté, et chargèrent le vieux Mahà-Kàçyapa de procéder à ce choix[2]. Peu de temps après, pendant la saison des pluies qui suivit immédiatement la mort de Çàkya-Mouni [3], les cinq cents

1. Cunningham : *The Bhilsa Topes*, p. 56.

2. La relation de ce Concile figure avec assez de détails à la fin du Culla-vagga. Voir la traduction qu'en ont faite MM. T.-W. Rhys Davids et H. Oldenberg dans les *Sacred Books of the East*, t. XX, pp. 370 à 385.

3. Huit mois après, si l'on place la mort du Bouddha à la fin de la saison des pluies; quelques semaines seulement si on met le Nirvàṇa au commencement de cette saison. Un fait certain c'est que la réunion du Concile eut lieu dans le courant de l'année du Nirvàṇa. — Voir à ce sujet, H. Oldenberg : *Buddha*, etc., pp. 201 et suiv. ; — Sir Monier Williams : *Buddhism*, p. 55; — Cunningham : *Bhilsa Topes*, chap. II et IV.

Mahà-Sthaviras [1], désignés par Kàçyapa comme les
plus dignes de représenter la Confrérie, se rassem-
blaient dans le Vihàra souterrain de Saṭṭapanni,
près de Ràjàgriha [2], pour y faire une retraite solennelle d'un mois [3], à la suite de laquelle le Concile
se constitua en séance dans une salle magnifique,
élevée par l'ordre du roi Ajataçatru, à proximité
de l'entrée de l'hypogée. Mahà-Kàçyapa fut élu
président de cette assemblée.

Le principal souci du Concile, — et c'étaient là
du reste le véritable objet et la raison d'être de sa
réunion, — fut d'arrêter les dogmes à enseigner,
d'unifier les divers récits des sermons du Maître,
d'affirmer, de codifier et de promulguer les règles
de discipline à observer. A cet effet, Ananda,
Mahà-Kàçyapa et Upàli, qui n'avaient presque jamais quitté le Bouddha, furent chargés par l'assemblée [4] de répéter, dans l'ordre scrupuleux et la
forme où ils avaient été prononcés, les sermons et
les leçons de Çàkya-Mouni. Ils se partagèrent la
tâche : Ananda récita les discours sur la Loi
(*Sûtra*), Upàli énuméra les règles de discipline
(*Vinaya*), et Mahà-Kàçyapa exposa les doctrines

1. *Sthavirah* « ancien » (en pàli *Théro*). C'étaient les grands
disciples et les chefs des monastères. — Le petit nombre des
religieux convoqués et leur choix laissé à la disposition de
Kàçyapa, fait dire à Sir Monier Williams (*Buddhism*, p. 55)
que « cette réunion ne mérite guère le nom de Concile ».

2. *Ràjàgrha*, résidence préférée du Bouddha, demeurée la
ville sainte des traditions bouddhistes.

3. De la pleine lune de juillet à la pleine lune d'août. (Cunningham : *Bhilsa Topes*, p. 56.)

4. Selon le canon Mahàyàṇà, le Bouddha lui-même, au
moment de mourir, les aurait désignés pour cette charge (?).

philosophiques *(Abhidharma)*. Cette œuvre colossale ne demanda pas moins de sept mois pour être menée à bonne fin [1].

Fut-il trop sévère, ou bien ce Concile n'eut-il pas suffisamment de notoriété pour donner force de loi à ses décisions ? Toujours est-il que, vingt ou trente années plus tard, selon les uns, cent ans, suivant les autres, tout fut à recommencer [2].

Chez beaucoup de moines, le zèle religieux, l'ardeur de la foi avaient décliné ; ils trouvaient trop durs les préceptes d'austérité et les règles disciplinaires, maintenant qu'ils n'étaient plus électrisés par la présence et la parole du Maître, et, peu à peu, de relâchement en relâchement, ils en étaient venus à formuler dans les assemblées mêmes du Sangha une série de propositions tendant à atténuer, sur les points qui leur tenaient le plus à cœur, les rigueurs de la discipline établie jadis par Çàkya-Mouni. Ces propositions, dites *Indulgences*, étaient au nombre de dix :

1° Permission de conserver du sel pendant n'importe quel temps, au lieu des sept jours prescrits ;

1 Sir Monier Williams *(Buddhism*, p. 55) croit que toute cette énorme compilation fut confiée à la mémoire des assistants et qu'on n'écrivit rien. Il doute aussi que les doctrines philosophiques et métaphysiques aient été formulées à cette époque.

2. On ne possède aucune date précise. Sir Monier Williams propose la date approximative de 380 pour le second Concile et celle de 400 pour le premier. Les Bouddhistes admettent généralement un intervalle de 150 ans entre le second et le troisième Concile, tenu en 244 ou 242, ce qui se rapproche beaucoup de la date proposée par Sir Monier Williams.

2° Permission de faire un second repas après celui de midi ;

3° Permission aux moines habitant dans des villages de se relâcher des règles suivies dans les monastères ;

4° Permission aux moines de célébrer chez eux, dans leur cellule, les cérémonies qui doivent se faire dans la salle commune ou en public ;

5° Permission de faire certains actes avant d'en avoir reçu l'autorisation [1] ;

6° Permission d'agir ainsi que les supérieurs en donnent l'exemple [2] ;

7° Permission de boire du petit-lait après le milieu du jour ;

8° Permission de boire des liqueurs fermentées si elles sont de la couleur de l'eau pure ;

9° Permission de se servir de sièges recouverts d'étoffe ;

10° Permission de recevoir à titre d'aumône de l'argent et de l'or.

L'extension de ce schisme menaçant de corrompre toute la communauté, le petit nombre des religieux demeurés orthodoxes provoquèrent la réunion d'un second Concile [3], afin d'examiner et de condamner les *Indulgences* s'il y avait lieu. Cette assemblée, composée de 700 moines, tint ses séan-

---

1. Par exemple, sortir pour aller mendier. Les moines ne peuvent quitter le couvent, à cet effet, que lorsque le supérieur l'a permis.

2. Certaines actions sont permises ou tolérées aux supérieurs et défendues aux simples bhikshous.

3. T.-W. Rhys Davids et H. Oldenberg : *Kullavagga*, dans les *Sacred Books of the East*, t. XX, p. 386 et suiv.

ces dans le monastère de Bàlukaràma, près de Vaiçàli, sous la protection de Kàlàçoka, roi de Magadha [1], qui intervint même en personne dans le litige et, après avoir entendu les deux parties, donna raison aux orthodoxes. La lutte fut vive, malgré l'intervention royale, et la discussion tellement orageuse qu'il fallut, avant de pouvoir procéder aux débats, voter des règlements (*Ubbàhika*) pour assurer l'ordre dans l'assemblée. Enfin, malgré leur nombre et leurs efforts désespérés, les dissidents furent vaincus, leurs dix *Indulgences* condamnées, et la peine de la dégradation et de l'expulsion du Sangha fut prononcée contre les fauteurs du schisme et leurs partisans [2]. Avant de se séparer l'assemblée procéda à la revision des textes du Vinaya et du Dharma, dont une partie était peut-être écrite à cette époque. Les travaux de ce Concile avaient duré huit mois [3].

Malgré tout, les progrès du schisme et de l'hérésie n'avaient pas été arrêtés; bien au contraire, les doctrines hétérodoxes gagnaient si bien du terrain qu'au commencement du règne d'Açoka [4] il y avait presque autant de sectes que de couvents et autant de religions que de sectes. Pour mettre un terme à ce désordre le roi prit l'initiative de convoquer (en

1. Ce n'est pas Candragupta, dit Kàlàçoka, grand-père du grand roi Açoka.

2. C'est la peine édictée par Çàkya-Mouni lui-même contre ceux qui portent le désordre dans la communauté.

3. Il y a là une progression qui semble être voulue, le premier Concile dure sept mois, le deuxième huit, et le troisième neuf.

4. Ou *Piyadàsi*, fervent bouddhiste. — Voir page 10.

244 ou 242) au monastère d'Açokarâma, à Pàtalipoutra [1], un nouveau Concile de mille Arhats choi-
sis parmi les plus saints et présidé par le vénérable Tishya Maudgalapoutra, qui était alors àgé
de soixante-douze ans. Les travaux de ce Concile
durèrent neuf mois, et le roi, très versé en théo-
logie, ne dédaigna pas d'assister à ses séances et
même d'y prendre une part très active.

Les assistants, séparés par sectes, durent tous
exposer leurs doctrines, et huit sectes ayant été
convaincues d'hérésie leurs membres furent ex-
pulsés de la salle des séances avec défense de porter à l'avenir le vêtement jaune des bouddhistes
orthodoxes.

Cette exécution faite, le Concile s'occupa en paix
de la revision et de la correction des textes du
Vinaya et du Dharma, qui devaient alors être pour
la plupart écrits, et probablement aussi de la composition de l'*Abhi-dharma*, troisième section du
canon bouddhique.

Une des mesures les plus importantes décrétées
par ce célèbre Concile fut l'organisation des missions de propagande à l'étranger qui affirmèrent le
caractère d'universalisme du Bouddhisme et le por-
tèrent rapidement aux quatre coins de l'Asie et
peut-être plus loin encore, ainsi que nous le verrons
tout à l'heure. L'idée première de cette innovation
appartient, dit-on, au roi Açoka lui-même, ou, tout
au moins, on lui en attribua l'honneur.

1. Pàtaliputra, la Palibothra des Grecs, capitale de l'Inde
sous la dynastie Maurya. C'est aujourd'hui Pàtna.

Compilation et rédaction des Écritures.
Le Tripiṭaka. Les Jâtakas. Les Avadânas.

Bien que, de son temps déjà l'art de l'écriture fût connu dans l'Inde, et qu'on nous affirme que le Bouddha y était expert, il est à peu près certain qu'il n'a jamais rien écrit et que, de son vivant, aucune partie de son enseignement n'avait été confiée à l'écriture par ses disciples. Ses leçons, toutes verbales, devaient se graver dans la mémoire de ses auditeurs qui se les répétaient entre eux pour s'en bien pénétrer. C'est ainsi, du reste, que procédaient les grands philosophes de l'antiquité, et tous les fondateurs de religions [1] qui, au fond, n'ont tous été que des philosophes ; ce qui nous est parvenu de leurs doctrines, c'est à leurs élèves que nous le devons. Le Véda n'a été écrit que très tard, postérieurement peut-être à l'époque du Bouddha ; l'enseignement secret des mystères grecs et celui des Druides sont toujours demeurés absolument oraux. Devons-nous considérer cette coutume comme une antique survivance des temps où l'écriture était ignorée de nos ancêtres ? La mémoire, plus exercée alors, rendait-elle inutile le travail long et minutieux de l'écriture ? Voulait-on forcer ainsi les adeptes à une application plus

1. Sauf, suivant la tradiction consacrée, Moïse et Zoroastre ; mais, d'une part, Zoroastre est un personnage absolument légendaire, et, d'autre part, la réalité historique de Moïse est fort douteuse, la critique moderne ramenant, comme on le sait, la rédaction actuelle de la Bible à l'époque de la captivité de Babylone.

grande? ou bien mettre les dogmes sacrés à l'abri de la curiosité sacrilège des profanes et maintenir la sainte ignorance si utile au sacerdoce? Il y a peut-être de tout cela dans cette longue persistance de l'enseignement oral; mais, en ce qui concerne le Bouddhisme, qui n'a pas de mystères ni de doctrines ésotériques, nous croyons que la raison véritable en est plutôt dans le peu de diffusion de l'art de la lecture et de l'écriture à l'époque reculée où il fit son apparition.

Tant que le Bouddha vécut, tout alla bien. Il pouvait à chaque instant redresser les erreurs, donner la véritable interprétation de ses doctrines, répéter les leçons oubliées ou mal comprises, prononcer dans les cas non encore prévus; mais on comprend aisément qu'aussitôt après sa mort ses disciples aient senti le besoin de codifier et d'unifier ses enseignements pour en assurer la durée et la pureté, ainsi qu'il fut fait au Concile de Râjagriha. Ce qu'on nous rapporte du procédé employé pour cette compilation, — Ananda, Mahà-Kàçyapa et Upàli récitant chacun une partie spéciale de la doctrine — ne doit pas être entièrement légendaire, sauf la récitation de l'*Abhi-Dharma* qui n'a dû être composé que beaucoup plus tard [1], ainsi qu'en témoigne d'ailleurs la relation des Conciles de Vaiçàlì et de Pàtalipoutra, où les seuls textes soumis à la revision sont ceux du Vinaya et du Dharma [2];

---

1. T.-W. Rhys Davids : *Hist. of the Indian Buddhism*, p. 50; — Sir Monier Williams : *Buddhism*, p. 59 ; — Cunningham : *Bhilsa Topes*, p. 55.

2. Cunningham : *Bhilsa Topes*, pp. 77 et 115.

c'était sans doute la méthode usitée alors pour conserver aussi exactement que possible ces copieuses séries de leçons, chaque disciple s'efforçant d'en retenir mot à mot une partie déterminée.

Si les textes ainsi recueillis ne furent pas écrits à ce moment [1], c'est du moins à partir de cette époque que commença la rédaction des Sûtras fondamentaux [2], auxquels s'adjoignirent bientôt quantité d'autres traités conçus sur le même plan, exposant des doctrines nouvelles, également attribuées au Bouddha afin de leur donner la sanction nécessaire pour en imposer le respect, travail d'interpolation latent et peut-être inconscient (assez souvent facile à reconnaître [3]) qui s'est prolongé presque jusqu'à nos jours dans les contrées bouddhiques, et, en tout cas, pendant tout le moyen âge asiatique. Il paraît certain, toutefois, que les dogmes principaux qui constituent le canon bouddhique étaient arrêtés et rédigés, au moins dans leurs grandes lignes, à l'époque du troisième Concile, où ils reçurent leur sanction définitive.

Ce Canon, connu sous le nom de *Tri-Pîṭaka*

1. Sir Monier Williams (*Buddhism*, p. 55.) croit que rien ne fut écrit pendant ce Concile.

2. M. Rhys Davids pense que le noyau de la doctrine était rédigé avant 350, date approximative du second Concile.

3. D'abord par la présence de dieux ou de bodhisattvas dans l'auditoire du Bouddha, puis par des allusions à des faits historiquement postérieurs (présentées quelquefois sous forme de prédictions) ou à des dogmes qui n'ont été préconisés que par les écoles plus ou moins schismatiques fondées à partir du second Concile.

« Trois corbeilles » [1] se compose de trois parties :
les règles de discipline ou *Vinaya*, les *Sûtras* ou
discours sur la Loi (Dharma) et *l'Abhi-dharma* ou
leçons de métaphysique. Toutefois, cette division
n'est pas d'une exactitude absolue; car, dans chacune de ces sections, on trouve des récits sur
toute espèce de sujets, principalement des épisodes de la vie du Bouddha. Les deux premières
parties sont écrites indistinctement en prose et en
vers, et souvent prose et vers alternent dans un
même Sûtra. On considère les parties versifiées
comme plus anciennes. La troisième section est
toute en prose.

Le *Vinaya* [2] comprend trois sections (*varga*) [3] distinctes traitant de sujets divers. mais tous, plus ou
moins, relatifs à la discipline [4].

La première section, *Pâtimokka* [5] contient les
régles de conduite imposées aux moines [6], l'énoncé
des diverses contraventions qu'ils sont exposés à
commettre et des péchés qui en découlent, les pei-

1. Ainsi nommé, peut-être, parce que dans l'antiquité on
réunissait dans une corbeille les feuilles de palmier sur lesquelles on écrivait. M. Rhys-Davids explique cette expression par « Bodies of Tradition » (corps de tradition); voir
Hist. of the Indian Buddhism, p. 49 et Appendice IX.

2. Voir, T.-W. Rhys Davids et H. Oldenberg : *Vinaya
texts, Sacred Books of the East*, tomes XIII, XVII et XX.

3. En pâli : *Vagga*.

4. Entremêlés cependant d'épisodes de la vie du Bouddha
et de leçons sur le dogme.

5. En sanskrit *Prâti-moksha* « préceptes du salut ». —
Nous employons ici les termes *pâlis*, plus généralement usi-
tés que leurs correspondants sanskrits.

6. Voir page 148.

nes et les pénitences relatives à ces transgressions.

La seconde, appelée *Mahávagga* [1], traite de l'admission dans la Confrérie (initiation et ordination) [2], de la Confession, de la résidence fixe obligatoire durant la saison des pluies (ou de *Vassa*), de la cérémonie *Paváraṇá* [3], qui doit se célébrer le quatorzième et le quinzième jours [4] de chaque demi mois lunaire, de la chaussure des moines, de leurs sièges, des moyens de locomotion permis et des médicaments à employer en cas de maladie. Elle renferme aussi les règles établies pour la distribution à certaines époques fixées *(Kaṭhina)* des vêtements et autres objets indispensables, les instructions relatives à l'habillement des Bhikshous, les prescriptions touchant la validité ou l'illégalité des actes du Sangha et sur les mesures à prendre contre les schismes qui peuvent se produire dans son sein.

Dans la troisième section, ou *Cullavagga* [5], sont exposés les points de discipline de moindre importance, les encouragements à accorder et les pénitences à infliger aux moines, la manière de faire cesser les disputes et les dissensions, les règles relatives aux habitations et à leur ameublement, à la vie journalière de la communauté, aux devoirs des frères les uns envers les autres, à l'application de la peine de l'exclusion de la cérémonie Pâti-

---

1. En sanskrit *Mahávarga* « grande section ».
2. Voir page 133.
3. En sanskrit *Praváraṇa* « invitation ».
4. Ou plutôt « *tithi* ». — Voir, A. Bourquin : *Dharma-Sindhu*, Ann. du M. G. VII, p. 158. — Le mois lunaire indou est de 29 jours 1/2, divisés en 30 tithis inégales.
5. « Petite section ».

mokka (ou Confession), et les préceptes de conduite particuliers aux Bhikshounis, ou religieuses. A la fin de cette section se trouve un historique assez détaillé des deux conciles de Râjagriha et de Vaiçâli.

Dans son ensemble, le Vinaya passe pour la partie la plus ancienne du canon bouddhique.

Le *Sûtra,* ou Dharma-Sûtra, se compose de plus de deux cent cinquante chapitres, ou récits divisés en cinq *Nikâyas* de proportions inégales, reproduisant sous la forme de discours, sermons et conversations, tous les enseignements dogmatiques et moraux donnés par le Bouddha depuis sa première prédication à Bénarès jusqu'à l'instant de sa mort dans le bosquet de Çalas à Kouçinàgara.

Quant à l'*Abhi-dharma,* que l'on a tout lieu de croire beaucoup plus moderne que les deux parties précédentes, il est formé de sept sections ou l'on trouve un peu de tout, philosophie et métaphysique, discipline, morale et dogme, dans des leçons et des controverses attribuées au Bouddha, à des Bodhisattvas ou à des Arhats en renom, composées exclusivement en prose.

Tous les Sûtras du Dharma et beaucoup des leçons du Vinaya et de l'Abhi-dharma (celles que l'on met dans la bouche du Bouddha) sont présentés sous une forme littéraire invariable. Ils commencent et finissent par deux formules qui auraient, dit-on, été prescrites par Çàkya-Mouni lui-même dans son dernier entretien avec son fidèle Ananda [1]. La formule initiale est toujours conçue en ces termes :

1. *Mahâ-Karunâ-Pundarika-Sûtra.* Léon Feer : *Fragm. trad. du Kandjour,* p. 78.

« Voici le discours que j'ai entendu (ou ce que j'ai entendu) une fois :

« Bhagavat [1] résidait (ou se trouvait) à ...., dans le pays de ...., au monastère de ...., entouré de cinq cents (ou d'une grande foule de) Bhikshous parfaitement délivrés, de Bodhisattvas ou de dieux (et quelquefois, mais rarement, d'un immense concours de peuple) ; l'Ayushmât, le Bodhisattva, ou le dieu un tel, ayant fait respectueusement l'*anjâli* [2], questionna Bhagavat, etc. » Ainsi interpellé le Bouddha répond par un exposé de la Loi élucidant le point de dogme, de morale ou de discipline qui lui est soumis. Tantôt il procède à la façon socratique par une série d'interrogations, amenant ainsi habilement son interlocuteur à résoudre par son propre raisonnement la question posée, tantôt il se livre à un développement complet d'une théorie philosophique, tantôt il présente sa réponse sous forme d'apologue ou de conte [3]. Puis, le sujet étant complètement développé, vient la formule consacrée : « Ainsi parla Bhagavat. Toute la réunion en fut très réjouie et loua hautement Bhagavat. » Quelquefois cependant cette formule finale est remplacée par une sorte d'*Amen*, l'exclamation *Saddhu! Saddhu!* C'est bien ! C'est bien !

Dans la série des Sûtras du Dharma se trouvent deux ouvrages, dont nous croyons devoir dire un

---

1. « Le Bienheureux, le Seigneur », épithète qui ne s'applique qu'au Bouddha, à Vishnou et à Krishna.

2. Rite de salutation et de respect.

3. Les quelques citations que nous avons faites au cours de cet ouvrage nous dispensent de donner d'autres exemples du style de ces discours.

mot, en raison de ce qu'ils sont très répandus parmi les Bouddhistes laïques et fréquemment cités par les auteurs européens. Il s'agit des *Jâtakas* et de *Avadânas*.

Le recueil désigné sous le nom de *Jâtaka* renferme l'histoire des cinq cent cinquante existences que le Bouddha a vécues, comme animal, dieu ou homme, avant sa dernière naissance en la personne de Çàkya-Mouni. Composés sous une forme populaire ces récits, où interviennent souvent des animaux qui agissent, pensent et parlent comme des hommes, ont une grande ressemblance avec les contes du Pantchatantra [1]; on croit même qu'ils en ont inspiré quelques-uns. Ils renferment toujours une leçon déguisée de morale, de charité ou d'amour du prochain, ainsi qu'on peut le voir par le conte du *Héron et du Crabe* :

« Dans un petit étang vivaient un grand nombre de poissons; la chaleur de l'été l'ayant presque complètement desséché, ses hôtes se demandaient avec terreur ce qu'il allait advenir d'eux. Survient un héron qui leur propose de les transporter tous dans un grand lac situé à peu de distance et, à force d'habiles paroles, les décide à lui confier un délégué chargé d'explorer les lieux et de leur rendre un compte fidèle de ce qu'il aura vu. Ainsi dit, ainsi fait ; et sur le rapport du messager toute la gent poissonnière se confie au bec du héron, qui, naturellement, les dévore jusqu'au dernier. Restait dans la marre boueuse un crabe, qui avait autant d'envie de se voir dans le bel étang promis que le héron

---

1. *Pancatantra.* Source probable des fables d'Ésope.

pouvait en avoir de le croquer à son tour. Mais le crabe très malin refuse de se laisser saisir par le bec redoutable de son dangereux ami; il s'installe sur son dos, tenant solidement entre ses pattes le cou de l'oiseau. Ils partent, et bientôt le lac leur apparait. Au lieu de descendre vers la rive, le héron se dirige à tire d'ailes vers un grand arbre, du haut duquel il compte faire choir son fardeau afin de briser sa carapace. Alors le crabe serrant le cou de sa monture aérienne lui dit : « Si tu ne me déposes « au bord du lac, je t'étrangle et du moins nous péri- « rons tous deux ». Fort sot, le héron se décide à prendre terre ; mais, au même instant, le crabe, se voyant en sûreté, lui tranche la tête d'un coup de ses terribles pinces. Or, en ce temps là, le Bouddha habitait, en qualité de dieu silvestre, un des arbres qui bordaient le lac. Il avait assisté à toute la scène et applaudit au dénouement en s'écriant : « Bravo! « c'est ainsi que méritent d'être traités les trom- « peurs et les méchants. »

Les *Avadânas* [1] sont des recueils de légendes relatives aux existences antérieures des personnes que le Bouddha convertit ou qu'il cite comme bons ou mauvais exemples, et quelquefois à ses propres renaissances. Le merveilleux y joue un rôle consi- dérable et contribue à mettre en lumière le côté moral de ces enseignements.

Ces deux séries de récits appartiennent à la litté- rature populaire du Bouddhisme.

1. Voir, Léon Feer : *Avadâna Çataka;* Annales du M. G., t. XVIII.

Langue de la Littérature sacrée.

Ici se présente une question toute naturelle. En quelle langue a été rédigé le canon primitif du Bouddhisme? Nous en possédons deux versions, d'ailleurs sensiblement différentes, l'une en *pâli*, l'autre en *sanskrit;* qu'elle est la bonne? quelle est celle des deux qui peut, à meilleur droit, prétendre reproduire le véritable enseignement du Bouddha? A cette question, les recherches de la critique moderne aidée par la découverte des édits d'Açoka [1] gravés sur les rochers et les colonnes de Kapourdagarhi, de Girnâr, de Delhi, d'Aiderhabbad, etc., répondent que la véritable langue du Bouddhisme, celle dans laquelle s'est exprimé le Bouddha, est le *Mâgadhî* [2], idiome vulgaire du royaume de Magadha où se passèrent la plupart des scènes de la vie de Çàkya-Mouni. Cet idiome aurait été en usage au moins jusqu'à l'époque du Concile de Vaiçàlî, sinon jusqu'à celui de Pâtalipoutra [3], et le *pâli* de la rédaction du canon méridional ne serait qu'une traduction en langue plus savante de ce dialecte. Le *sanskrit,* langue sacrée des Brâhmanes, n'aurait été employé que beaucoup plus tard, après le Concile de Pâtalipoutra, comme véhicule des idées et des dogmes bouddhiques. Aujourd'hui le pâli est usité comme langue sacrée à Ceylan, au Cambodge et en Birma-

---

1. Déchiffrés pour la première fois par James Prinsep, et dont une traduction complète a été donnée récemment par M. E. Sénart.

2. Le *Mâgadhî* est aussi la lange des écritures jaines.

3. Sir Monier Williams : *Buddhism*, p. 60.

nie, tandis que le sanskrit s'est répandu au nord, dans le Népàl, au Tibet, en Chine, en Corée et au Japon [1]. Toutefois l'usage du pàli et du sanskrit n'est pas hiératiquement obligatoire même dans le culte ; les écritures bouddhiques ont été traduites dans les idiomes de tous les peuples convertis et servent sous cette forme pour toutes les cérémonies, à l'exception des formules magiques, *Dhàra-ṇîs*, qui doivent toujours être récitées en sanskrit par suite de la croyance en la puissance mystique de chacune des lettres dont elles sont composées.

Missions de Propagande.

Après la rédaction du canon, l'œuvre la plus importante du troisième Concile fut, sans contredit, l'organisation des Missions de propagande.

Quoi qu'en disent les Écritures bouddhiques qui lui font parcourir l'Inde entière, Çàkya-Mouni n'avait guère franchi de son vivant les limites de l'Inde centrale, c'est-à-dire un cercle d'environ 300 kilomètres de rayon autour de Bénarès. Au moment du second Concile la sphère d'action des Bouddhistes s'était déjà agrandie, mais ne dépassait peut-être pas, au Sud, les limites du royaume d'Oude [2] (anciennement Ujjain) ; à l'époque du Concile de Pàtalipoutra, ils semblent, grâce à l'appui d'Açoka, dominer dans toute la presqu'île. C'est

1. Ces deux langues jouent respectivement pour les Bouddhistes le même rôle que le latin pour les Catholiques.
2. Cunningham : *The Bhilsa Topes*, p. 85.

alors qu'ils songent à conquérir à leur foi leurs
voisins et même les peuples éloignés, et que le
Bouddhisme tend vraiment à devenir une religion
universelle. Açoka fut-il réellement le promoteur
de l'idée des missions? ou bien ne fit-il que prêter
à ces lointaines expéditions l'appui du prestige de
sa puissance? Faut-il tenir pour vrais les récits qui
nous le représentent organisant lui-même le service
de propagation de la foi, en obligeant chaque cara-
vane de commerce, qui partait de ses États, à se
faire accompagner de quelques prêtres chargés de
livres et d'images bouddhiques? Ce qui est certain
c'est que les missionnaires bouddhistes parurent
en Chine, sans succès à la vérité, dès l'an 225 [1]. C'est
probablement à la même époque que furent convertis le Cambodge, Siam et la Birmanie, et que le
Bouddhisme pénétra jusqu'à Java. Du côté de
l'Occident l'effort ne fut sans doute pas moindre,
bien qu'il n'ait pas laissé de traces évidentes, et les
comptes rendus du Concile de Pàtalipoutra nous
ont conservé les noms du missionnaire Yavana
Dharma Rakshita envoyé dans le royaume grec de
Bactriane [2], et du prêtre Mahà-Rakshita qui fut
chargé d'aller prêcher la Bonne Loi jusqu'à *Alassad-
dha*, ville désignée comme la capitale du monde
grec, que l'on croit pouvoir identifier avec Alexan-
drie [3] d'Égypte. Ce fait, s'il était prouvé, jetterait
un jour nouveau sur la pénétration des idées boud-

1. E. Eitel : *Buddhism, its historical, theoretical, and popular aspects*, p. 21.

2. Cunningham : *The Bhilsa Topes*, p. 117. — En sanskrit
et en pàli la Grèce est nommée Yavana.

3. *Ibid.* p. 118.

dhiques en Grèce [1] et expliquerait peut-être bien
des points obscurs, tels que l'institution des *Thérapeutes* [2] et le développement du *Cénobitisme* en
Égypte et dans le monde occidental, où les idées
d'ascétisme et de vie solitaire étaient à peu près
inconnues, à peine un siècle avant notre ère.

Schismes.et Écoles Hinayâna et Mahâyâna.

Mais un point sur lequel tous les efforts des
Conciles furent impuissants, c'est le développement
des schismes et des hérésies, bien qu'il semble
qu'ils n'aient surtout été réunis que dans le but de
combattre et de détruire dès leur début ces germes
de croyances hétérodoxes menaçantes pour l'unité
et la perpétuité de la foi. En effet, Kàçyapa convoque le premier Concile pour prononcer sur les doctrines subversives du moine Subhadra et de ses
partisans, tous, à ce qu'il paraît, d'un assez haut
rang dans la Confrérie, puisque leur hérésie a reçu
le nom de schisme des *Sthaviras* [3]; et malgré la
condamnation dont furent frappés les dissidents,

---

1. Voir à ce sujet, Sylvain Lévi : *Le Bouddhisme et les Grecs,*
Revue de l'hist. des rel., 1891, t. XXIII, p. 36.

2. Bien que jusqu'à présent on ne soit pas fondé à établir
une filiation entre elles, les règles des Thérapeutes ont souvent une étrange ressemblance avec celles des bouddhistes.
Voir, à ce sujet, Massebieau : *Les Thérapeutes; Revue de
l'hist. des rel.*, 1887, t. XVI, p. 170 et suiv.

On sait que le cénobitisme était inconnu chez les Hébreux
avant l'apparition de cette secte.

3. Cunningham : *Bhilsa Topes*, p. 84.

leur nombre alla toujours croissant, car, au Concile
de Vaiçali, c'est dix mille moines schismatiques
que l'on exclut de la communauté, sans compter,
dit-on, soixante mille de leurs adhérents laïques.
Enfin lorsque le troisième Concile se réunit, il a à
juger dix-huit sectes hérétiques, parmi lesquelles
huit furent condamnées et rejetées de la Confrérie,
avec interdiction de continuer à porter le costume
jaune des bouddhistes.

Ce développement prodigieux de l'hétérodoxie
n'a, d'ailleurs, rien qui doive nous étonner ; il est
dans l'ordre naturel des choses.

A part la croyance en la *transmigration*, qui ne
lui appartient pas en propre [1], et les principes de
morale qui sont universels et ne varient guère d'une
religion à une autre que par la manière dont ils
sont exposés, le Bouddhisme n'a pas de dogmes
précis, arrêtés, qui s'imposent à la foi de ses fidèles
sans qu'il leur soit permis de les discuter. Tout son
enseignement, y compris même le dogme des *Quatre Vérités excellentes* et la charité (*Maitri*), n'est
que doctrines et théories philosophiques, basées
sur la raison, établies et défendues par le raisonnement. Le Bouddha les discute volontiers avec ses
interlocuteurs, prouve leur justesse et leur vérité
par des arguments, mais ne les impose jamais
comme vérités nécessaires divinement révélées.
Leur seule autorité, c'est sa parole, son éloquence
persuasive, la force de son argumentation qui

____

1. Nous avons vu que cette croyance est générale dans
l'Inde, aussi bien chez les Brâhmanes et les Jains que chez
les Bouddhistes.

impose la conviction. Lui mort, il est tout naturel que les Bhikshous aient interprété les articles de la Loi chacun à sa manière, et se soient groupés autour des plus savants d'entre eux, devenus ainsi chefs de sectes d'opinions très divergentes.

Le résultat de la condamnation des dissidents par les orthodoxes paraît avoir été, aussitôt après le troisième Concile et peut-être même dès le second, le partage de la communauté en deux grandes écoles, prétendant chacune posséder le sens véritable de l'enseignement du Bouddha, et se traitant mutuellement d'hérétiques. La première, désignée sous le nom de *Hînayâna* (« Petit véhicule, Petit développement »), adopta le *pâli* comme langue sacrée, et se répandit surtout dans le sud de l'Inde, aussi l'appelle-t-on souvent Bouddhisme du Sud. On admet généralement qu'elle a conservé plus pure la doctrine de Çàkya-Mouni; en tout cas, ses livres sont plus simples, moins emphatiques que ceux de sa rivale, les dieux et les génies y interviennent moins souvent; Çàkya-Mouni est le seul objet de sa vénération et de son culte et ce n'est guère que pour mémoire qu'elle conserve les noms des vingt-trois Bouddhas des Kalpas écoulés [1], ses prédécesseurs; elle ne donne pas le titre de Bodhisattva aux Arhats, même disciples du maître; sa philosophie verse moins dans les subtilités métaphysiques; elle est restée plus indemne des croyances et des superstitions locales. Son premier centre d'action fut, dit-on, sur les bords du Gange, puis elle gagna Ceylan, la Birmanie, Siam et le Cam-

---

1. Voir page 75.

bodge. A Ceylan et à Siam surtout [1] la doctrine passe pour s'être conservée relativement pure, tandis qu'en Birmanie les superstitions et les croyances populaires se sont introduites dans le Bouddhisme sous la forme du culte des génies, les *Nâts*.

L'autre école, dite Mahâyâna (« Grand véhicule ou Grand développement ») s'est frayé sa route vers le Nord (c'est de là que lui vient son nom de Bouddhisme du Nord), conquérant successivement le Cachemire, le Népâl, le Tibet, la Chine et le Japon. Elle se distingue par le développement exagéré des idées métaphysiques et mystiques, l'abus des miracles, la croyance en la possibilité d'acquérir par la sainteté des pouvoirs surnaturels capables de modifier à volonté les lois de la nature. Sa littérature, infiniment plus riche que celle de l'École du Sud, a adopté pour organe la langue savante et sacrée des brâhmanes, le sanskrit, qui n'était certainement pas à la portée de la foule, quoique le sanskrit bouddhique soit aussi éloigné de la belle langue des auteurs classiques que le latin sacerdotal du IV° ou V° siècle l'est de celui de Cicéron ou de Virgile. Poussant à l'extrême la passion de la controverse, à force d'ergoter sur toutes les doctrines, de tourner et de retourner les textes pour y découvrir des finesses, des sous-entendus et des arrière-pensées, de les expliquer et les commenter, cette école arriva à créer l'ésotérisme, c'est-à-dire le principe d'une doctrine secrète cachée dans des mots à double sens, dans des formules obscures et compréhensibles seulement

1. Voir Alabaster : *The Wheel of the Law.*

pour les initiés, qui n'existait pas dans le Bouddhisme primitif. Peu à peu elle s'écarte des vrais dogmes et se laisse envahir, d'une part, par les idées brâhmaniques encore très vivaces, d'autre part, par les instincts et les superstitions populaires. Elle fait une part de plus en plus large aux divinités Vishnouites et Çivaïtes, aux génies, aux démons; elle dénature la personnalité du Bouddha dont elle tend à faire un être surhumain, un dieu des dieux; pour lui faire honneur, elle lui compose une cour de dieux, de Bodhisattvas innombrables au nombre desquels elle place tous les principaux disciples de Çàkya-Mouni; enfin elle invente un paradis, la bienheureuse contrée de *Soukhâvati* (Sukhâvati), lieu de délicieuse béatitude, bien plus facile à atteindre, et surtout à comprendre, que le Nirvàna, de plus en plus considéré comme un anéantissement absolu de l'être.

Les Dhyâni-Bouddhas et les Dhyâni-Bodhisattvas.

Mais la déification de Çàkya-Mouni, ni même de son futur successeur, le Bodhisattva Maitréya, personnification de la charité (*Maîtri*), ne suffit pas. Sans doute on fut géné par la lacune que présentait la doctrine bouddhique au point de vue de l'explication de la création; l'idée d'un univers incréé, éternel, se formant et se détruisant sans cesse sans autre agent qu'une force mystérieuse inexplicable, sans autres matériaux qu'une matière impérissable mais se modifiant continuellement, était certainement bien difficile à faire comprendre aux masses qui devaient admettre bien plus volontiers les dogmes brâhmaniques du Brahmà créateur ou de l'Ame universelle animant tout le monde, identique avec toutes ses parties. Pour remédier à cette infériorité l'École Mahàyàna ne trouva rien de mieux que d'inventer un Être Suprême, *Adi-Bouddha,* source et origine de tout, éternel et infini, qui n'était en somme que la copie de Brahmà, ou l'équivalent de l'Ame Universelle.

Ce Bouddha éternel procrée, ou tire de sa propre essence cinq autres Bouddhas, éternels comme lui, que l'on nomme *Dhyâni-Bouddhas*, c'est-à-dire Bouddhas de Contemplation [1], Vairotchana, Akshobhya, Ratna-Sambhava, Amitàbha et Amogha-Siddha, qui à leur tour engendrent chacun un être divin éternel, émané de leur substance, appelé *Dhyâni-Bodhisattva*. A chaque Dhyâni-Bouddha correspond un *Mânushi-Bouddha* [2], qui vit ou a vécu sur la terre, émanation incarnée de cet être céleste. Nous avons ainsi cinq trinités, ou triades, formées d'un Dhyâni-Bouddha, de son Dhyâni-Bodhisattva et de son Bouddha humain. La plus importante de ces triades est celle qui comprend Amitàbha, Avalokitéçvara [3] et Çàkya-Mouni. Il est bien évident que ce système de trinités réduit considérablement l'importance du Bouddha humain dont la personnalité est absorbée par l'être divin de qui

1. *Dhyâna*, méditation abstraite, contemplation. C'est par sa méditation qu'Adi-Bouddha a procréé ces cinq Dhyâni-Bouddhas, et c'est aussi par la force de la méditation qu'eux-mêmes donnent naissance aux Dhyâni-Bodhisattvas.

2. Mânuši-Buddha, « Bouddha humain ».

3. Dhyâni-Bodhisattva appelé aussi Padmapàni.

il est émané et sous l'inspiration duquel il agit. Ce n'est plus là du tout le Bouddhisme de Gautama.

Les Sectes.

Une fois lancé sur la pente glissante de la division, il est bien difficile de s'arrêter; aussi la scission devint elle de plus en plus profonde entre les deux écoles rivales de Hìnayàna et de Mahàyàna, surtout lorsque cette dernière adopta comme son dogme, on pourrait presque dire fondamental, le principe du *vide* ou du *néant* des choses, *Çùnyatà*, tel qu'elle l'a exposé dans la Prajñà Pàramità[1]; principe qui, poussé à l'extrême, en arrive à cette conclusion que le Bouddha lui-même est un pur être de raison créé par la réflexion et la méditation abstraite. C'est elle aussi qui émit cette proposition que le Bouddha humain[2] est déjà effectivement dans le Nirvàna lorsqu'il se révèle sur la terre, et qui inventa la théorie des trois corps des Bouddhas : 1° *Nirmànàkàya*, ou Nirvàna avec restes, qui constitue le corps visible et périssable avec lequel ils paraissent dans le monde; 2° *Sambhogakàya*, corps de félicité, qui est celui des Pratyékas; 3° *Dharmakàya*, corps idéal sans formes, qu'ils ne revêtent qu'en entrant dans le Pari-Nirvàna et en perdant leur personnalité.

Quelques esprits bien intentionnés entreprirent

1. Voir page 85.
2. *Mànuśi-Buddha.*

de mettre les deux rivales d'accord en fondant une
secte nouvelle au moyen de dogmes et d'idées
empruntés à l'une et à l'autre. Cette secte appelée *Mâdhyamika*, ou *Madhyama-yâna* [1], n'eut
d'ailleurs aucun succès jusqu'à sa rénovation sous
le nom de *Prasangha Mâdhyamika* par le prêtre
Bouddhapalita. Celle-ci, pour mériter son nom et
rester dans le juste milieu, nie également l'existence et la non-existence des choses et de l'univers
tout entier [2], sous le prétexte que l'affirmation
absolue et la négation formelle sont des erreurs
égales. Elle n'admet pas qu'un Bouddha humain soit
déjà dans le Nirvâna au moment où il se révèle
sur la terre ; mais elle reconnaît deux corps aux
Bouddhas, le Nirmânâkâya appartenant au Nirvâna
simple [3] et le Dharma-Kâya qui s'obtient par l'entrée dans le Parinirvâna et implique la perte de
toute personnalité. Quant aux fidèles, religieux ou
laïques, elle leur offre le choix entre deux carrières,
ou deux voies ; l'une conduit au bienheureux séjour
céleste de Soukhâvatî, c'est la voie des œuvres ;
l'autre mène à la parfaite béatitude de Nirvâna,
c'est celle de la méditation et de l'extase.

A l'époque du développement le plus brillant du
Bouddhisme, la doctrine brâhmanique du *Yoga*
était aussi dans toute sa force. On se rappelle à
quel but visaient les ascètes brâhmanes désignés
sous le nom de Yogis : parvenir par une méditation
intense à l'union intime avec la divinité, à la fusion

1. Doctrine du milieu.
2. Voir page 95 le passage cité du Nairâtma paripriccha.
3. A peu près le *corps astral* des Spirites.

de leur âme avec l'Ame Universelle [1], même en ce
bas monde. La célébrité de ces ascètes devait sans
doute exciter l'envie des Bouddhistes, ou bien l'écho
de leurs doctrines avait pénétré jusque dans les
Vihâras, car elles furent adoptées par une secte,
fondée par le prêtre Aryasañgha, qui prit le nom
de Yogàtchàrya [2]. Elle considérait la méditation
abstraite poussée jusqu'à l'extase comme le seul
moyen efficace de parvenir à la libération de la
transmigration et d'atteindre le Nirvàna. D'après
elle, non seulement les actes vertueux n'étaient
d'aucun profit pour le salut ; ils étaient encore une
cause d'empêchement pour l'acquisition de la
science parfaite. Bien plus, le sage ne devait même
pas penser, toute réflexion étant incompatible avec
la méditation idéale, la contemplation extatique qui
seule dégage l'être des liens des passions. Ne pas
agir, ne pas penser, méditer toujours, telle est
sa règle de perfection idéale. Cette secte est la
seule qui reconnaisse explicitement l'existence
d'une âme éternelle, *Alaya*, ayant eu primitivement
sa résidence dans l'*Espace infini* ou Nirvàna. La
perte de sa pureté originelle [3] l'oblige à errer sans
cesse dans le cercle de la transmigration. C'est tout
à fait la théorie du Sànkya. Pour s'affranchir de la
transmigration, l'Alaya de chaque être doit se laver
de son impureté, et elle y parvient par la Science

1. L'Ame universelle, le Dieu omniprésent des Yogis, est
Çiva, appelé aussi Içvàra.
2. Yogàcàrya.
3. On ne dit pas comment. La doctrine de Kapila donne au
moins une raison de la chute de ses âmes : c'est la curiosité
provoquée par les actes illusifs de Prakriti.

parfaite, acquise par la méditation, qui dissipe la dangereuse illusion de la réalité de quoi que ce soit dans le monde.

Toutes ces doctrines, toutes ces conceptions étranges de cerveaux exaltés devaient naturellement aboutir à un résultat qui n'était autre que la négation même des principes et des doctrines du Bouddhisme originel, au mysticisme. Et c'est, en effet, ce qui arriva avec la secte dite Kàlàtchakra [1]. Celle-ci reconnait, évidemment, l'existence du Bouddha éternel, Adi-Bouddha, véritable Ame Universelle, puisque le Nirvàṇa n'est autre que l'absorbtion en lui [2], ainsi que des Dhyàni-Bouddhas, des Dhyàni-Bodhisattvas, et de la sorte de trinité composée du Dhyàni-Bouddha, du Dhyàni-Bodhisattva et du Bouddha humain qui émane d'eux. La distinction entre ces trois êtres, de même qu'entre eux et Adi-Bouddha, est du reste purement apparente, ce ne sont tous que des manifestations de l'essence éternelle qui se résolvent en un seul et même être absolu [3]. Ce qui caractérise tout particulièrement la secte Kàlàtchakra, c'est la célébration de cérémonies et de rites magiques et l'usage des Dhàraṇis et des Moudras. Les Dhàraṇis, ou Mantras, sont des formules incompréhensibles [4], composées de caractères sanskrits groupés en mots qui n'appartiennent à aucune langue connue, et qui passent pour posséder une

___

1. *Kàlà-cakra*, le cercle du temps.
2. H. Hern : *Hist. du Boud. Indien; Revue de l'hist. des rel.*, 1884, VIII, p. 57.
3. Voir H. Hern : *l. c.*
4. Comparer avec les formules de la Kabbale. — Nous avons donné une formule de Dhàraṇi p. 87.

puissance irrésistible sur les éléments, les génies, les dieux, les Bodhisattvas et même les Bouddhas. Celui qui connait les Dhàraṇîs est assuré de l'assistance des dieux et des Bouddhas dans toutes ses entreprises quelles qu'elles soient. Seulement il faut les réciter sans changer un mot et en prononçant exactement toutes les lettres de chaque mot, chacune d'elles ayant une valeur mystique qui lui est propre. L'influence magique attribuée aux mots doit probablement découler du dogme de la non-réalité des choses. Toute existence étant purement idéale, le mot qui représente un objet doit avoir exactement autant de valeur que l'objet lui-même; donc si on possède un mot exprimant une chose on dispose aussi de la chose.

Quant aux *Moudras*, gestes ou signes magiques consistant en certaines dispositions des mains et des doigts, ce sont en réalité des Dhàraṇis muettes. Un Moudra équivaut à la récitation d'une Dhàraṇi et a absolument le même pouvoir.

Les adeptes du mysticisme prétendent obtenir des facultés surnaturelles grâce à la pureté de vie, à la méditation et à l'usage des Dhàraṇis et des rites magiques. Ils affirment même que par les cérémonies magiques [1] l'initié peut obtenir la libération de l'existence après une seule vie, ou au moins renaître dans le paradis de Soukhàvati.

Ce ne sont là, bien entendu, que les grandes sectes, car leur nombre est immense, et il s'en crée encore chaque jour de nouvelles : tout religieux tant soit peu éloquent ou subtil pouvant fonder une

---

1. Bien entendu elles sont toujours tenues secrètes.

secte qui grandira en raison de son talent et qui durera s'il a la bonne fortune de se faire des disciples capables de continuer son œuvre. Nous nous rappelons qu'à l'époque du concile de Vaicàlì, il y avait déjà dix-huit sectes ou écoles dans l'Inde ; aujourd'hui, il en existe neuf au Tibet, dix-huit en Chine, et trente-six au Japon, officiellement réduites à douze, mais en réalité, divisées et subdivisées en une multitude de sous-sectes.

Il est bien difficile de retrouver au milieu de la confusion de toutes ces opinions et de ces doctrines les véritables dogmes du Bouddhisme primitif.

CHAPITRE VIII

LA RELIGION BOUDDHIQUE

Transformation du Sañgha en corps sacerdotal. — La hié
rarchie. — Divinisation du Bouddha. — Adoration des reliques. — Établissement d'un culte. — Temples et images. —
Pèlerinages. — Grandeur et décadence du Bouddhisme
dans l'Inde. Son Exode.

Transformation du Sañgha en corps sacerdotal. Sa hiérarchie.

A péine Çâkya-Mouni était-il mort que le Sañgha
subit une modification profonde. N'ayant plus la
ressource de s'adresser, pour résoudre leurs doutes ou aplanir les difficultés de toute nature qui
pouvaient les embarrasser, au Maître aimé et
vénéré en la parole duquel ils avaient coutume de
se reposer, la foule des moines dût nécessairement
se resserrer autour des disciples mis par lui à la
tête de leurs Vihâras, qui avaient eu l'avantage
de vivre longtemps dans sa compagnie, d'entendre
son enseignement, de recevoir de sa propre bouche les éclaircissements qu'ils répétaient ensuite
sur les points obscurs de la doctrine. Le fait de
l'avoir approché de près donnait à ces Arhats un
reflet de la gloire du Bouddha. Ce n'étaient plus

seulement les plus saints et les plus savants de la
Confrérie, c'étaient en réalité les héritiers du Maître, les dépositaires de sa doctrine. De plus, l'autorité administrative et disciplinaire dévolue à la
plupart d'entre eux comme directeurs des monastères, leur donnait le prestige d'un commandement
auquel on était accoutumé à obéir, le caractère de
directeurs de conscience écoutés et vénérés.

Aussi, sans que Çàkya-Mouni mourant eût désigné aucun d'entre eux comme spécialement chargé de veiller au développement de la doctrine et
à la conservation de sa pureté, sans que rien dans
les Écritures nous révèle une réforme sanctionnée
par une décision solennelle, par une sorte d'accord
tacite les Grands Arhats sont de suite considérés
comme les chefs indiscutés de la communauté et
constituent le conseil suprême du Sangha déposi-
taire de la Loi. C'est en cette qualité qu'ils siègent
dans les trois conciles et condamnent les hérésies
naissantes. Dès lors l'ancienne égalité disparaît de
la Confrérie et les rangs purement spirituels de
jadis se changent en de véritables dignités hiérarchiques, et nous voyons s'instituer dans les nombreux couvents, qui s'élèvent presque comme par
miracle grâce à la piété des fidèles et à la munifi-
cence des princes, des chapitres composés des
moines les plus savants, ou les plus âgés, chargés
d'assister le supérieur, de surveiller la conduite des
autres frères et de faire valoir les immenses biens
de la communauté; car l'ordre est riche si le simple Bhikshou n'a pas le droit de posséder. Les
membres de ces chapitres et les supérieurs étaient
désignés par le Sangha ou nommés à l'élection par

les autres moines. Il existait plusieurs rangs parmi les supérieurs, dont les plus importants exerçaient sur leurs collègues une autorité assez semblable à celle des évêques de la chrétienté, et il y eut même, à ce qu'il semble, une succession de patriarches considérés comme les dépositaires légaux de l'autorité de Çàkya-Mouni; on en possède, au moins, plusieurs listes.

Mais la modification des anciennes institutions ne se bornait point à l'introduction de la hiérarchie dans le Sangha. La vie monacale rigoureuse, les restrictions de plus en plus sévères apportées à la réception dans la Confrérie, le caractère sacré pris par l'Initiation, l'enseignement secret de doctrines prétendues ésotériques, tendaient à faire de l'Ordre un véritable corps sacerdotal distinct du reste de la population. D'un autre côté, le Bhikshou perdait peu à peu de son caractère exclusif de pénitent, d'ascète méditatif, changeait en dogmes ses doctrines philosophiques en attribuant une autorité divine à la parole de Çàkya-Mouni, et, à force de prêcher pour convertir, de diriger les consciences, de lutter par tous moyens pour la foi contre les superstitions populaires, se laissait tout doucement glisser sur la pente du thaumaturgisme, se faisait peu à peu intermédiaire entre ses ouailles et les puissances supérieures; il ne lui manquait plus guère que des rites à accomplir pour devenir tout à fait un prêtre, et ce pas fut vite franchi.

Divinisation du Bouddha.

Le plus grand, le plus sérieux obstacle que dût rencontrer la propagande bouddhiste dans son œuvre de conquête des âmes, provenait certainement des croyances anciennes et des superstitions invétérées dans le peuple indou, de son goût pour le merveilleux, de son habitude de voir les dieux partout autour de lui, de les mêler à tous les actes de sa vie, et ce ne devait pas être tâche facile que de faire accepter le positivisme froid du bouddhisme au lieu et place de la brillante et profuse mythologie brâhmanique. Si sympathique, si attachante que fût la personnalité du Bouddha, de quelques rayonnements de gloire, de quelques miracles qu'on la parât, il devait être aussi difficile de la substituer dans les idées populaires aux dieux qu'elle détrônait que de remplacer par la béatitude vague du Nirvâṇa les délices plus matériels que spirituels du Svarga; et sans doute le Bouddhisme n'y fût jamais parvenu s'il n'avait, volontairement ou inconsciemment, fait du Bouddha un dieu suprême conçu sur le modèle même habituel à l'Inde.

Avec nos idées positives actuelles, et le rationalisme qui s'est développé chez nous, la déification d'un personnage contemporain, quelque mérite et quelque génie qu'il pût avoir eu du reste, nous semblerait une bouffonnerie si prodigieuse que toute tentative de ce genre serait piteusement accueillie par des risées, sombrerait sous le ridicule. Mais il n'en allait pas de même autrefois; on avait la divinisation facile, en Orient surtout. Du reste, si extraordinaire et si invraisemblable que nous paraisse ce phénomène, nous n'avons pas besoin de remonter bien loin dans l'antiquité pour le rencontrer ; de nos jours encore, en Chine, sur le rapport qui lui est présenté par le patriarche des Taòistes, l'empereur décerne chaque année le pouvoir et les honneurs divins à un certain nombre de sages, de fonctionnaires, ou de généraux décédés, qui deviennent les protecteurs attitrés et responsables de provinces, de villes ou de villages.

Deux facteurs paraissent avoir contribué à la divinisation de Çàkya-Mouni : l'admiration passionnée que ses disciples avaient pour lui, et la tendance au merveilleux de l'esprit populaire.

N'aurions-nous pas, sur ce sujet, le témoignage des Écritures bouddhiques qu'il nous serait encore aisé de nous figurer de quel amour et de quelle vénération les Bhikshous devaient entourer le Maître qui leur apportait le salut et en qui ils croyaient comme en un dieu, enthousiasmés qu'ils étaient par son éloquence, invinciblement captivés par son affabilité, sa bonté et son dévouement sans bornes. Il faudrait bien peu connaître l'Orient pour ne pas se figurer avec quelle hyperbolique chaleur ils devaient parler de lui après sa mort, de quels dehors séduisants ils devaient le parer, dans quels termes ils célébraient ses vertus, quels miracles ils lui attribuaient, quels prodiges de charité, dans d'innombrables existences antérieures, ils lui prêtaient. Pour eux, Bràhma, Indra, Vishnou n'étaient que ses serviteurs, et pour faire pénétrer cette conviction dans l'esprit de leurs auditeurs, pour établir sa supériorité sur toutes les divinités connues que pouvaient lui opposer leurs contradicteurs, ils exaltaient sa puissance, lui donnaient tous les attributs accoutumés de ces dieux qu'ils combattaient et peu à peu le transformaient lui-même en un dieu conçu absolument sur le même modèle, sans se douter probablement qu'ils mettaient à néant, en agissant ainsi, la plus grande partie de son système et ouvraient toute large la porte aux superstitions, aux cérémonies, aux rites minutieux et au sacerdoce contre lesquels leur héros avait lutté toute sa vie.

Quelques auteurs pensent cependant que c'est de propos délibéré et en toute connaissance de cause que le clergé bouddhique procéda à cette transformation de son fondateur en dieu, dans le but de se donner le prestige et la force qui lui manquaient, et de justifier l'institution des cérémonies et des rites nécessaires pour faire du Bouddhisme une religion comme toutes les autres [1].

Qu'ils aient agi inconsciemment ou suivant un plan tracé par l'ambition sacerdotale, il est à peu près certain que les disciples du Bouddha ont dû être encouragés et peut-être entrainés par la poussée instinctive du populaire. La communauté laïque s'était beaucoup accrue, du moins si nous en croyons les livres bouddhiques, dans les dernières années de la vie du Bouddha, et semble avoir grossi plus encore depuis sa mort, sous l'influence des récits enthousiastes et merveilleux des auditeurs qui avaient, ou prétendaient avoir eu, la bonne fortune de le voir ou de l'entendre. Les moindres faits, prodigieusement exa-

---

1. Voir à ce sujet, Sir Monier Williams : *Buddhism*, p. 301.

gérés, avaient pris l'aspect de miracles et leur auteur était devenu véritablement un dieu dans l'esprit de la foule ignorante, qui, incapable de se contenter de vérités ou de théories philosophiques pures, éprouve un invincible besoin d'avoir pour soutenir sa foi un guide infaillible, et par conséquent divin, en la bonté et la puissance de qui elle puisse se reposer pour la rédemption de ses péchés, pour assurer la rémunération future de ses actes. Du moment que Çàkya-Mouni était devenu pour elle ce guide et ce protecteur, il fallait, bon gré mal gré qu'il revêtit les apparences sous lesquelles on avait l'habitude de concevoir la divinité, c'est-à-dire qu'on lui appliquât les mythes solaires et lumineux et les attributs traditionnels des dieux supérieurs du Bràhmanisme, et qu'on en fit en somme un Vishnou incarné pour le salut du monde [1]. Si le clergé avait hésité à s'engager dans cette voie, l'enthousiasme du peuple l'y aurait poussé malgré tout.

Adoration des Reliques.

Un des premiers résultats de la divinisation du Bouddha fut l'institution du culte des reliques jusqu'alors, à ce qu'il semble, inconnu dans l'Inde et peut-être dans le monde entier, institution qui dut suivre de près la mort du Bouddha, car il en est déjà question dans le Lalita Vistara [2], l'un des plus

1. Il est probable que, déjà à cette époque, Vishnou avait remplacé Brahmà et Indra en qualité de dieu des dieux. — Voir, E. Sénart : *La Légende du Buddha*, p. 295 et suiv.
2. P.-E. Foucaux : *Lalita Vistara*, p. 158.

anciens ouvrages canoniques que l'on connaisse [1]. Les livres de l'école du Sud, aussi bien que ceux de l'école du Nord rapportent que, lorsque la flamme du bûcher funéraire eut détruit toutes les parties corruptibles du corps de Çàkya-Mouni, une pluie parfumée versée par les dieux éteignit subitement le brasier afin de préserver de la destruction les ossements du Maître du monde, et que ces os et même les tisons et les cendres du bûcher furent partagés entre les assistants comme précieux souvenirs et reliques miraculeuses. Emportées par leurs possesseurs dans toutes les contrées bouddhiques, ces reliques furent déposées, nous dit-on, dans 84,000 *Stupas* ou *Tchaïtyas* [2] bâtis expressément à leur intention. Il est question de l'érection de monuments de ce genre dans plusieurs des édits d'Açoka.

Quelque étrange que cela puisse paraître et quelque incompatible que soit le culte des reliques avec l'horreur que professent les Indous pour les corps morts et tout ce qui les a touchés, il est indiscutable qu'il exista dans l'Inde bouddhique jusqu'aux derniers jours de l'existence de cette religion ; peut-être même y précéda-t-il le culte des images. Du reste, du Bouddha ce culte passa à tous les prêtres saints ; on conserva leurs os, leurs vêtements, les objets qui leur avaient appartenu, et, cela va sans dire, partout ces reliques firent des miracles dûment constatés par la piété des fidèles ; partout des

---

1. *Lal. Vist., Introd.* p. II et suiv. — Le Lalita Vistara aurait été composé au IIe siècle avant notre ère.

2. Le *Stupa* est un monument funéraire, ou purement votif, habituellement de forme hémisphérique. Le *Tchaïtya (Caitya)* est une chapelle.

chapelles et des temples leur furent dédiés, dont quelques-uns obtinrent une immense réputation. Parmi les reliques du Bouddha, la plus célèbre est la fameuse Dent de Ceylan [1] qui, si nous en croyons la légende, après avoir passé par toutes sortes d'épreuves dans le royaume de Kalinga, sa première étape, fut apportée dans l'île sainte, terre d'élection du bouddhisme, par Danta, roi d'Ujjain (Oude), et sa femme Hémamàlà, fille de Guhàçìva, roi de Kalinga, après une succession d'aventures miraculeuses qui font le sujet du poème *Élu* intitulé Dàḷhàvamça [2]. Déposée d'abord dans le monastère de Dhàmmàtchada, puis dans divers autres sanctuaires renommés de Ceylan, elle tomba, en 1560, aux mains des Portugais qui la brûlèrent en grande pompe. Peu de temps après, elle reparut cependant, miraculeusement ressucitée suivant les uns, sauvée par une pieuse fraude selon les autres, ou, ce qui est plus vraisemblable, par suite d'une contrefaçon plus ou moins habile. Quoi qu'il en soit, la *Dent Relique* du Bouddha repose actuellement à Kandy dans le temple de Maligàva, sous la sauvegarde d'un agent du gouvernement anglais.

Établissement d'un culte.

Une fois franchi ce grand pas de la déification de son fondateur, le Bouddhisme n'avait plus qu'à se

1. Qui n'est, dit-on, qu'une dent de crocodile. — Voir à ce sujet, Gerson da Cuñha : *Histoire de la Dent relique de Ceylan*, Ann. du M. G., t. VII, p. 469.

2. Traduit en pâli par Dhamma Kitti au IV° siècle de notre ère. Voir Ann. du M. G., t. VII, p. 307.

donner des rites et des cerémonies pour devenir
une religion dans toute l'acception du mot, et il n'y
manqua pas. Toutefois, il ne semble pas que la
chose fut faite brusquement, tout d'un coup ; nulle
part, dans les écritures anciennes, nous ne trouvons
trace d'une organisation systématique des rites et des
cérémonies du culte, de prescriptions quant à leur
célébration ; il serait impossible de dire à quelle époque et dans quelle circonstance telle ou telle forme
ritualiste s'est établie ou développée. Sans doute l'organisation actuelle s'est faite graduellement, le
clergé bouddhique adoptant ou imitant les cérémonies du brâhmanisme, soit pour rehausser aux yeux
de ses fidèles la gloire de l'homme devenu par la
science supérieur à tous les dieux connus, soit pour
attirer à lui par l'éclat et la pompe du culte la foule
ignorante toujours portée à se laisser prendre à ce
qui frappe ses yeux et parle à son imagination. La
seule cérémonie solennelle que nous ayons constatée
dans les temps primitifs, est celle de l'*Uparasatha*[1],
ou réunion générale de l'ordre pour la confession
des péchés et la lecture du Pratimoksha Sûtra, qui
était obligatoire deux fois par mois d'abord, puis
plus tard quatre fois, c'est-à-dire toutes les semaines,
cérémonie qui n'avait alors rien de rituel. De très
bonne heure, probablement, les anniversaires de la
naissance et de la mort du Bouddha, puis des principaux épisodes de sa vie légendaire, devinrent des
occasions à cérémonies nouvelles, mais d'un tout
autre caractère, au cours desquelles se lisaient en
public des parties de l'Écriture relatant les actes

1. Voir page 151.

du Maître divinisé, se chantaient des hymmes à sa
louange, se prononçaient des invocations, des
appels à sa protection, en un mot des prières,
accompagnées d'offrandes de toutes sortes consti-
tuant un véritable sacrifice. Seulement ce sacrifice,
pour rester dans l'esprit de charité et d'amour universel du Bouddhisme, ne pouvait pas avoir de
victimes, le sang ne devait pas être répandu sur les
autels : suivant les rituels, les offrandes doivent
être de cinq sortes : offrande d'eau, offrande de
parfums, offrande de lumières, offrande de fleurs
et enfin de riz ou de gâteaux. Quelquefois, cependant, en souvenir et imitation sans doute des anciens
sacrifices brâhmaniques, on offre aussi des animaux;
mais, au lieu d'être immolées, les victimes sont rendues à la liberté ou bien remises entre les mains
des prêtres qui les gardent dans les dépendances du
temple et prennent soin d'elles.

L'ordre dans lequel ces offrandes doivent être
présentées, la manière de les faire, le choix des
hymnes, des prières et des passages de l'Écriture
à lire suivant les circonstances exigèrent bientôt
la création d'un rituel très compliqué dont la connaissance parfaite était indispensable à l'officiant
et qui s'accrut par la suite d'une masse de prescriptions et de formules relatives à la guérison des
malades par l'exorcisme [1], à la prédiction de l'avenir,
aux cérémonies à accomplir pour les naissances,
et les funérailles, et celles qui ont pour but l'amé-
lioration du sort des morts ou la délivrance des
âmes de l'enfer.

---

1. Les maladies sont causées par une possession démoniaque.

A ces occasions de cérémonies s'ajoutèrent naturellement les fêtes anniversaires de la fondation des temples ou de la consécration des monastères, ainsi que celles en l'honneur des Dhyâni-Bouddhas, des Bodhisattvas, des anciens Arhats béatifiés, des dieux et des génies du brâhmanisme adoptés par la religion nouvelle.

La pompe et le luxe déployés dans ces occasions dépasse tout ce que l'on connaissait jusqu'alors. Rien ne fut assez beau pour le culte rendu à l'apôtre de la pauvreté et du renoncement.

Le Bouddhisme est devenu véritablement une religion au sens propre du mot, et les mendiants de Çàkya-Mouni, transformés en prêtres, vivent désormais à l'abri de tout souci dans leur somptueux vihâras édifiés et dotés richement par la piété des peuples et des rois [1].

L'ère du renoncement et de la pauvreté est close et fait place à celle de l'opulence, de l'ambition sans limites et de la puissance sacerdotale qui prétendra bientôt régenter la société tout entière.

---

1. Cependant le principe de la mendicité est maintenu sous le prétexte de mortification et d'école d'humilité ; il est toujours interdit au moine de recevoir des dons en argent et de rien posséder en propre ; mais l'ordre peut acquérir et recevoir les aumônes sous quelque forme que ce soit, de quelque main qu'elles lui viennent.

On a retrouvé de nombreux actes de donations royales, gravés sur des plaques de cuivre, qui constatent des libéralités faites aux monastères et aux temples, documents d'autant plus précieux que ce sont nos seuls guides pour reconstituer la chronologie de l'Inde depuis l'époque d'Açoka.

Temples et Images.

A cet homme divinisé, maître souverain de tous les dieux, à cette religion, désormais organisée sur des bases solides, il fallait nécessairement des temples où célébrer le culte, des images à offrir à l'adoration des fidèles. Les Bouddhistes furent-ils dans l'Inde, comme on le prétend, les inventeurs de l'architecture religieuse et de l'art de la sculpture? Agirent-ils suivant leur propre inspiration, ou bien reçurent-ils des Grecs les principes de ces arts? La question est impossible à résoudre dans l'état actuel de nos connaissances.

D'un côté, ce que nous savons du culte brâhmanique nous montre des autels rustiques de gazon élevés en plein air sur des hauteurs, ou tout au plus peut-être recouverts par une sorte de hangar destiné à préserver le sacrifice de la pluie qui aurait pu éteindre le feu sacré; mais, d'un autre côté, les livres brâhmaniques et les écritures bouddhiques font mention de temples et de statues divines existant, soi-disant, antérieurement à la naissance de Gautama [1]. Comme on n'a découvert aucun monument attribuable à cette époque reculée, le plus sage est, jusqu'à preuve du contraire, d'admettre avec la grande majorité des archéologues que les premiers temples, probablement construits en bois, furent l'œuvre des bouddhistes, de même que les premières images sculptées dans la pierre ou

---

1. Voir à ce sujet l'épisode de la présentation de Çâkya-Mouni au temple. P. E. Foucaux : *Lalita Vistara*, p. 108.

le bois pour conserver les traits et perpétuer le souvenir de leur divin fondateur [1].

Plus tard, à ces images du Bouddha, ordinairement colossales et le représentant debout, assis, ou couché, sous des traits et avec des attributs absolument hiératiques, s'ajoutèrent des figures de dieux, de Bodhisattvas, d'Arhats, de génies et de démons, groupées autour de lui de façon à lui faire une cour, ainsi qu'on peut le voir dans les merveilleuses sculptures des temples de Sanchi, d'Ellora et surtout de Borô-Boudour dans l'île de Java. L'influence de l'art grec se révèle d'une façon incontestable dans les monuments bouddhistes de la Bactriane et quelques pièces récemment découvertes à Sikrî dans le nord de l'Inde.

Le cadre restreint de cette étude ne nous permet pas une description, même très sommaire, des principaux temples de l'Inde [2]; nous rappellerons seulement que beaucoup de ces sanctuaires sont creusés dans le rocher et que pour la plupart ils ont été utilisés, après la chute du Bouddhisme, par le culte brâhmanique qui s'est contenté d'y introduire quelques représentations de ses dieux principaux.

1. Il est bien entendu qu'il n'est question ici que d'images sculptées, car il est probable que les Brâhmanes adoraient depuis longtemps des idoles, troncs d'arbres ou pierres d'une forme extraordinaire, telle que, par exemple, la fameuse idole de Jaggannâtha. Nous savons, en tout cas, que le culte des arbres était répandu dans le peuple indou.

2. Voir pour les détails : Cunningham : *The Bhilsa topes*, et *Archaeological survey, of India*. — J. Fergusson et J. Burgess : *Archaeological survey, of India*. — J. Burgess : *Caves temples of India*. — Langlès : *Monuments de l'Indoustan*. — Leemans : *Bôrô-Boudour dans l'Île de Java*

Mais il est indispensable de dire un mot des monuments religieux désignés sous les noms de *Stupa* et de *Tchaitya* (Caitya).

Le *Stupa* est un édifice funéraire destiné à protéger une relique ou la dépouille d'un prêtre saint. Construit en briques ou en pierres, il a généralement la forme hémisphérique avec, quelquefois, une base cylindrique ; quelquefois aussi il est recouvert de terre comme les tumulus de nos pays. La relique ou les cendres du saint est déposée dans une chambre pratiquée au centre du monument. Certains Stupas ont jusqu'à trente mètres d'élévation [1]. Quatre sortes de personnes peuvent avoir un Stupa : les Bouddhas parfaits, les Pratyékas, les Arhats et les rois.

Le *Tchaitya* est un petit temple, ou une chapelle, érigé en l'honneur d'une relique et dont le sanctuaire renferme un petit Stupa ou une châsse à reliques en pierre, en bois ou en métal. Par extension le terme de Tchaitya s'applique à tous les temples, principalement à ceux qui sont construits dans l'enceinte d'un monastère.

Il y a des Stupas et des Tchaityas qui ne renferment pas de reliques. Ce sont alors purement des monuments commémoratifs ou votifs, élevés généralement dans un lieu témoin de quelque miracle ou sanctifié par la présence du Bouddha.

Pèlerinages.

De tout temps les Orientaux, et surtout les Indous

1. Cunningham : *The Bhilsa topes*, pp. 183 et suiv.

ont été grands amateurs de pèlerinages. Les bouddhistes, comme on peut bien le penser, ne font pas exception à la règle, et, si nous en croyons les Sûtras, le Bouddha lui-même aurait promis le bonheur du Svarga à ceux qui visiteraient avec piété et recueillement l'endroit où est né un Tathâgata, celui où il s'est éveillé à la pleine connaissance, les lieux où il a prêché la loi, l'endroit où il est entré dans le Nirvâna [1]; aussi n'est-il guère de localité, dans la région où s'est accomplie la carrière du Bouddha, qui n'ait été un lieu de pèlerinage fréquenté avec ferveur. Presque tous les temples et la plupart des monastères ont partagé cette faveur, très ambitionnée du reste par le clergé bouddhique en raison des abondantes aumônes que lui rapportait l'affluence des pèlerins. Bouddha-Gayà, Râja-Grihya, Bénarès et Patalipoutra ont été longtemps les pèlerinages les plus fréquentés de l'Inde centrale, de même qu'à Ceylan le fameux temple de la Dent et le Pic d'Adam où l'on va adorer l'empreinte qu'y laissa, dit-on, le pied sacré du Bouddha.

Comme il faut toujours que le plaisir se mêle même à la dévotion quand les passions populaires sont en jeu, tous ces pèlerinages sont l'occasion de fêtes et de réjouissances avec l'accompagnement obligé de festins nocturnes, qui, dit-on, tournent souvent à l'orgie, de danses et de représentations dramatiques, du genre de nos anciens mystères, où les saints, les dieux, les génies et les démons se disputent l'empire du monde, et qui finissent natu-

---

1. H. Kern : *Hist. du Bouddhisme indien*; Rev. de l'hist. des rel., 1882, t. V, p. 219.

rellement par la honteuse défaite des puissances du mal. Des foires importantes se tiennnent autour des lieux saints aux époques fixées pour la visite des pèlerins.

Grandeur et décadence du Bouddhisme dans l'Inde. Son Exode.

En dépit des récits enthousiastes et certainement exagérés à plaisir des Écritures bouddhistes qui ne comptent que par centaines de mille les fidèles attachés aux pas du Bouddha, il est à peu près certain qu'au moment de la mort de Çàkya-Mouni le nombre de ses adhérents laïques était relativement assez restreint. En tout cas sa propagande ne s'était exercée efficacement que dans les alentours de Bénarès, c'est-à-dire dans la région appelée aujourd'hui Provinces Centrales. Le zèle de ses disciples, aidé puissamment sans doute par un esprit d'opposition aux brâhmanes, bien naturel chez un peuple qui voyait en eux des tyrans et des oppresseurs, étendit rapidement l'empire du bouddhisme dans l'Inde tout entière. Dès l'époque du concile de Vaiçalî les petits souverains locaux lui accordaient, sinon une protection spéciale, du moins une large part dans les libéralités qu'ils faisaient aux cultes établis avec la remarquable tolérance qui a toujours été l'honneur du caractère indou; mais il devait parvenir à l'apogée de sa puissance à l'avènement de la dynastie Maurya. Ces usurpateurs, ces parvenus, devenus grâce à leurs talents les maîtres de l'Inde entière et assez forts pour se faire respecter de tous leurs voisins, ces adversaires heureux d'Alexandre le Grand et de ses plus illustres successeurs [1], avaient à compter à l'intérieur avec l'hostilité sourde et le mépris à peine dissimulé des brâhmanes qui ne voulaient pas leur pardonner la bassesse de leur extraction (Tchandragoupta, le soldat heureux fondateur de la dynastie, appartenait à la caste des Çoûdras) et moins encore la perte des privilèges et de la puissance qu'ils s'étaient arrogés sous les anciens souverains comme directeurs de conscience, conseillers et régents du roi et représentants autorisés des dieux sur la terre; dans ces conditions la nouvelle dynastie devait nécessairement chercher chez les bouddhistes, alors déjà très puissants, l'appui et la sanction religieuse dont on dirait que ne puisse se passer un gouvernement, surtout lorsqu'il est de récente origine. Néanmoins ni Tchandragoupta, ni son fils Vindousara ne firent officiellement adhésion au Bouddhisme; ils le protégèrent, mais en s'efforçant, à ce qu'il semble, de tenir la balance à peu près égale entre lui, le Brâhmanisme et le Jaïnisme.

Leur successeur, Açoka le Grand, ou Priyadarsi, embrassa ouvertement la foi bouddhique. Nous avons vu qu'il fut l'instigateur de la réunion du concile de Patalipoutra, le promoteur peut-être et en tout cas le zélé protecteur de l'œuvre des missions de propagande, à laquelle il voua son fils Mahéndra et sa fille Sañghamitrâ, leur confiant la charge d'introduire le Bouddhisme à Cey-

1. Tchandragoupta avait repoussé victorieusement Seleucus Nicator en 312.

lan [1]. Son règne marque incontestablement, à tous les points de vue, la période la plus brillante et la plus glorieuse du Bouddhisme ; pendant quelques siècles encore il fera des conquêtes ; il pourra se glorifier de compter parmi ses saints le roi grec Ménandre[2], converti par Nàgaséna et dont huit cités se disputent les reliques[3], parmi ses protecteurs princiers l'illustre Kanishka, qui fut roi du Kachemir pendant la seconde moitié du premier siècle de notre ère et présida le quatrième concile réuni à Jàlandhara par Pàrçva et Vasoumitra[4] ; mais ses jours sont comptés et il ne tardera pas à décliner, pour disparaître même entièrement du sol de l'Inde huit ou neuf cents ans plus tard.

C'est vers le cinquième siècle que paraît avoir sérieusement commencé le déclin du Bouddhisme, car le pèlerin chinois Fa-hian constate qu'il était très florissant encore vers l'année 399, tandis que, en 629, son compatriote l'illustre pèlerin Hiouen-Thsang trouva ruinés et abandonnés la plupart des sanctuaires bouddhistes. A partir du onzième siècle, il n'y a presque plus trace du bouddhisme dans l'Inde.

La disparition si complète d'une religion qui a joué pendant près de quinze siècles un rôle aussi important a de quoi surprendre l'historien, d'au-

---

1. Voir : Turnour : *Mahâvamça*, p. 36.

D'après Samuel Beal (*Indian Antiquary*, 1889, t. IX, p. 148) la conversion du royaume d'Orissa et de l'île de Ceylan serait l'œuvre du Mahâ-Sthavira Kala, le sixième successeur de Çâkya-Mouni comme chef de la Congrégation.

2. *Milinda* ou *Milindu*.

3. Cunningham : *The Bhilsa Topes*. p. 126.

4. Sir Monier Williams : *Buddhism*, p. 69.

tant plus qu'on n'en saisit ni les causes, ni les raisons. Doit-on admettre l'hypothèse de persécutions exercées par les Bràhmanes revenus au pouvoir ? En général, les Bouddhistes le prétendent et affirment qu'une première persécution très violente et sanglante eut lieu, mais sans résultats, à l'instigation des Bràhmanes sous le règne de Poushpamitra, c'est-à-dire dès la chute de la dynastie Maurya, vers 222 avant notre ère.

Certains ouvrages bouddhistes, tel que le Dàthàvamça, par exemple, relatent des vexations et des mauvais traitements exercés contre les bouddhistes au huitième siècle environ, et, d'un autre côté, les écrits fougueux de certains apôtres du bràhmanisme à cette époque, tels que Arunandi Çivàtchàrya, Kumarila et surtout le fameux Çankaràtchàrya permettent de supposer que les plaintes des bouddhistes n'étaient que trop fondées. Néanmoins nous n'avons aucune preuve que le sang ait été versé ; il a pu y avoir des meurtres individuels à la suite de rixes, mais probablement pas de massacres systématiques. On croit généralement que le bouddhisme est mort d'épuisement, énervé par la richesse des monastères, ruiné par le manque d'énergie de son clergé, abandonné par ses fidèles séduits par le culte éminemment populaire du dieu-homme Krishna inventé, ou tout au moins préconisé, par les bràhmanes afin de contre-balancer l'homme-dieu Bouddha, et entraînés peut-être par la satisfaction donnée aux vieilles croyances et aux superstitions locales par la fusion du culte Çivaïque avec l'ancienne religion bràhmanique représentée par le culte de Vishnou.

Quoi qu'il en soit, au XIIe siècle de notre ère, le nom même du Bouddhisme avait disparu de l'Inde. Ses fidèles dispersés étaient rentrés dans le sein des sectes réputées orthodoxes, s'étaient fondus avec leurs anciens adversaires les Jains, ou bien, fuyant une patrie inhospitalière, étaient allés porter leurs doctrines, leur morale, leurs arts au Cambodge, à Siam, en Birmanie, à Java, au Tibet et en Chine, accomplissant ainsi l'ordre suprême de leur Maître de répandre la Bonne Loi dans l'Univers entier.

CHAPITRE IX

LE BOUDDHISME HORS DE L'INDE

Le Bouddhisme à Ceylan, à Siam et en Birmanie.

La ruine si complète du Bouddhisme dans l'Inde et son expulsion presque inexplicable de toute la péninsule ne paraissent pas avoir exercé une influence appréciable sur le développement de cette religion à l'étranger, soit que le nombre des émigrants fut trop restreint, soit plutôt parce que depuis des siècles déjà elle avait perdu dans la mollesse, l'opulence et l'enivrement du pouvoir, l'énergie et le zèle propagandiste de ses premières années. A partir du vii° siècle l'influence directe de l'Inde bouddhique ne se manifeste plus que par les faits et gestes de rares missionnaires isolés et la propagande active passe aux mains des Tibétains et des Chinois; toutes ses conquêtes avaient été faites avant cette époque, sous l'impulsion énergique du troisième concile et du grand roi Açoka.

Les grandes écoles rivales d'Hinayàna et de Mahàyàna ont contribué toutes deux à cette expansion du Bouddhisme hors de l'Inde, mais à des époques différentes et qui nous éclairent d'une façon indiscutable sur le moment où chacune d'elles brilla du plus vif éclat. Les premières conquêtes, celles de Ceylan, de Siam et de la Birmanie (nous ne parlons pas du Cambodge qui parait avoir reçu le Bouddhisme par l'intermédiaire des Siamois) sont l'œuvre de la secte Hinayàna et se placent entre l'époque d'Açoka et le commencement de notre ère ; les plus récentes, au contraire, nous révèlent exclusivement l'influence de l'école Mahàyàna, qui prédomine dans tout le Nord à partir du 1er siècle avant l'ère chrétienne.

La légende attribue, ainsi que nous l'avons déjà vu, l'introduction du Bouddhisme à Ceylan [1] au propre fils d'Açoka, le prince Mahèndra ou Mahindra, qui aurait, dit-on, passé dans cette île du vivant de son père ou peu de temps après sa mort. Il y apportait une bouture du figuier sacré [2] témoin de l'arrivée miraculeuse de Çàkya-Mouni à l'état de Bouddha parfait, et la collection du Tripitaka pâli qu'il fit traduire en la langue du pays, l'*Élu,* ou peut-être simplement transcrire en caractères singhalais. C'est à Ceylan que la doctrine primitive du Bouddha passe pour s'être conservée la plus pure, la hiérarchie sacerdotale pour s'être le moins développée. Les moines y suivent encore avec assez d'exactitude

1. Appelée aussi *Lankà.*
2. Arbre Bô, ou Bodhi. On prétend que c'est de cette bouture plantée à Anouràdhapoura que provient le magnifique figuier sacré de Kandy.

les antiques règles du Saṅgha, vivant pauvrement en cénobites dans de petites cabanes couvertes de feuilles, passant leur temps à méditer, à psalmodier les versets du Tripitaka, à offrir au Bouddha des fleurs, de l'encens et des hymnes, à instruire les enfants, jeûnant et se confessant aux jours prescrits par la Loi. Leur culte ne s'adresse qu'à Çàkya-Mouni, et un peu aussi au Bouddha futur Maïtréya, et ils ne pratiquent dans les temples aucune cérémonie à l'intention ou sur la demande des laïques. Ils sont restés moines sans prétentions à la prêtrise ; chez eux règne une égalité absolue entre les bhikshous, tempérée seulement par la déférence accordée à celui d'entre eux que le choix de la confrérie a mis à la tête de chaque monastère et le respect dû à l'àge et à la science. Néanmoins depuis quelques années, le supérieur du monastère du Pic d'Adam, s'est intitulé grand prêtre et a établi son autorité spirituelle sur tout le clergé de l'île.

Si le Bouddha est officiellement le seul objet du culte à Ceylan, il n'en est pas moins vrai qu'en pratique, dans le peuple, un certain nombre d'anciennes divinités locales ou bràhmaniques lui font une concurrence sérieuse, quoique toujours sous le couvert bouddhique. C'est ainsi qu'on adore sous le nom de Kanda-Kumâra le dieu indou de la guerre Skaṇda ou Karttikéya, que l'ancien génie protecteur du Pic d'Adam reçoit les honneurs divins sous le nom de Saman, que Paṭṭini déesse de la petite vérole possède des temples très fréquentés, et que les Nàgas, ou génies serpents, et les démons de toutes les catégories ont une part très importante dans la dévotion des fidèles ; quant aux prêtres, ils se défendent pour la plupart de verser dans ces superstitions qu'ils tolèrent cependant, faute peut-être de pouvoir les empêcher.

Nous n'avons aucune donnée positive en ce qui concerne l'introduction du Bouddhisme à Siam et en Birmanie. Le fait que dans ces deux contrées c'est le système Hinayâna qui règne sous une forme exactement semblable à celle de Ceylan permet de supposer qu'il y a été introduit à peu près à la même époque, ou du moins pendant la période de suprématie de ce système. Cependant quelques auteurs semblent portés à croire qu'il n'y fut apporté que vers le V° siècle de notre ère par le célèbre Bouddha-Gosha qui retraduisit, dit-on, en pâli les écritures singhalaises [1]. Cette date est évidemment bien tardive, étant donné la proximité de ces régions du foyer indien du Bouddhisme, et peut-être devrait-on plutôt considérer Bouddha-Gosha comme le réformateur d'une doctrine précédemment importée et corrompue par des pratiques shamaniques et des superstitions locales, de même qu'au Tibet trois réformateurs successifs ont travaillé à rétablir la religion dévoyée dans sa pureté primitive.

Au point de vue dogmatique Siam et la Birmanie [2] suivent de très près le Bouddhisme de Ceylan, sauf que peut-être on y sacrifie un peu plus au

1. Sir Monier Williams : *Buddhism*, pp. 65 et 259.

2. La similitude, sinon l'identité de leurs croyances nous oblige à les réunir, sous peine de redites absolument inutiles.

culte des esprits [1] et des démons, vestiges des
anciennes croyances indigènes restées malgré tout
vivantes dans le peuple. Cette survivance tenace
des idées primitives n'est du reste pas spéciale à
l'Orient ; il est facile de la constater, de nos jours
encore, chez les nations les plus civilisées de
l'Europe.

Où ces deux nations se séparent réellement du
Bouddhisme singhalais, c'est dans leur organisation
sacerdotale pourvue d'une hiérarchie complète, du
simple novice à l'archevêque ; les degrés de cette
hiérarchie sont : le novice, Shen ou Shin ; le moine,
Pyit-sen ou Pyit-sin, appelé aussi Pongi ou Phongi [2]
en Birmanie et Talapoin à Siam ; le chef de monastère ou abbé, nommé en Birmanie Hsayà ; le chef
provincial, Gain-ok, qui exerce une certaine autorité
sur les monastères de sa circonscription ; et enfin un
dignitaire supérieur appelé Thàtanà-paing que l'on
peut assimiler à nos archevêques. De plus, la règle
permet l'existence de moines ermites, ou anacho-
rètes, qui vivent dans les bois et les montagnes,
mais dépendent cependant du monastère le plus
proche et sont obligés de se présenter à certaines
époques devant le chapitre pour rendre compte de
leur conduite. Quelques-uns de ces religieux indé-
pendants vivent dans les villages où ils font fonction de desservants et quelquefois d'instituteurs.

En général c'est dans les monastères que se
donne l'instruction aux jeunes gens du pays, qui y

---

1. *Nàths.*

2. C'est probablement de ce mot qu'est venu le nom de
Bonze.

sont admis depuis l'âge de huit ans sans que pour
cela ils soient astreints à embrasser la carrière
monastique. Les monastères sont de véritables col-
lèges, à peu près l'équivalent de nos petits sémi-
naires. A Siam il est d'usage que tous les jeunes
gens de bonne famille prennent l'habit et suivent
la règle monastique pendant un certain temps, au
'moins trois mois, entre leur quinzième et leur
vingtième année. Cet usage ne les engage en rien,
les vœux perpétuels ou même temporaires n'existant pas dans le Bouddhisme [1].

Le Bouddhisme au Kachemir et au Népâl.

A ces conquêtes incontestables de l'école Hina-
yâṇa il faut encore ajouter, si nous nous en rap-
portons à la tradition, la conversion du Kachemir,
opérée par Madhyàntika, — disciple d'Ananda et
troisième successeur de Çàkya-Mouni comme chef
reconnu de la communauté bouddhique [2], — et
celle du Népàl.

De son côté, l'école Mahàyàṇa réclame comme

---

1. Pour plus de détails, voir : Alabaster : *The Wheel of the
Law*, et P. Bigandet : *Vie ou légende de Gaudama le Bouddha des Birmans.*

2. Léon Feer : *Fragm. trad. du Kandjour*, pp. 83 et 86. —
Selon Samuel Beal (*Indian Antiquary*, 1880, p. 148) le troisième successeur de Çàkya-Mouni fut Çànakavàsika, sous le
pontificat de qui la communauté devint si nombreuse qu'elle
dût se disperser. C'est alors que Madhyàntika passa au Kachemir accompagné de 1,000 Bhikshous. Le bouddhisme chinois
ne compte pas Madhyàntika au nombre des successeurs du
Bouddha.

sienne la conversion du Kachemir et prétend compter Madhyàntika au nombre de ses Pères, quoiqu'il paraisse très probable qu'elle ne prit réellement tout son essor que sous le règne de Kaniskha, l'illustre monarque de la dynastie Indo-Scythe, et à la suite du quatrième concile tenu à Jàlandhara, au Kachemir même, vers la fin du Ier siècle de notre ère [1]. Le seul fait certain, c'est qu'à partir de cette époque elle domine dans le Kachemir avec ses Dhyàni-Bouddhas, ses Dhyàni-Bodhisattvas, ses milliers de Bouddhas de tous temps et de tous mondes, ses dieux et ses génies d'origine çivaïque ou bràhmanique auxquels elle ne se fait aucun scrupule d'assimiler ou d'adjoindre toutes les divinités indigènes tenues en quelque vénération.

Au Népàl également elle sut — peut-être à cause de cette tolérance si largement éclectique — se substituer à sa rivale qui s'y était implantée dès le Ier siècle avant l'ère chrétienne [2]. C'est dans cette région qu'elle devait bientôt élaborer et développer deux de ses principes les plus importants : la doctrine dite *Tàntrika* ou du mysticisme magique, empruntée pour la plus grande partie au Yogisme çivaïque, et la conception presque spiritualiste et si peu bouddhiste de l'*Adi-Bouddha*, Être suprême, éternel, essence de l'univers, de qui émanent tous les Bouddhas. Là encore nous avons à signaler une autre altération grave de la Loi bouddhique : le discrédit de l'obligation de chasteté et la tolé-

---

1. Sir Monier Williams : *Buddhism*, p. 69.
2. Sir Monier Williams : *Buddhism*, p. 296.

rance, si ce n'est même l'institution du mariage des moines [1].

Le Bouddhisme au Tibet.

Du Népâl et du Kachemir partirent, croit-on, les premiers missionnaires qui tentèrent de conquérir le Tibet à la foi bouddhique.

Il serait difficile de dire ce qu'était le Tibet au moment où y pénétrèrent ces pionniers de la civilisation. Les seuls documents historiques anciens que nous possédions sont de source chinoise et ne nous fournissent guère, en somme, qu'un seul renseignement intéressant, la constatation de l'habileté des Tibétains à travailler les métaux et surtout le fer. Ils payaient en acier la plus grande partie du tribut que la Chine leur avait imposé. Leur religion — à laquelle on a donné le nom de *Bon* et dont il subsiste des sectateurs de nos jours encore, à ce qu'on affirme — paraît avoir été un mélange d'adoration des phénomènes naturels et des esprits bons ou mauvais, additionné de pratiques de sorcellerie et de magie [2], identique en somme à ce que l'on constate chez les peuples sauvages de l'Afrique et de l'Océanie [3].

1. Il est curieux de constater ce même relâchement de la discipline religieuse chez les célèbres moines de la Thébaïde au vᵉ siècle. Voir E. Amélineau : *Les Moines égyptiens*, p. 367.

2. Les *Bonpo*, prêtres de cette religion, ne s'occupent que de sorcellerie, de divination et d'exorcismes.

3. La plupart des auteurs l'assimilent au *Shamanisme*.

Ce n'est pas sans peine que le Bouddhisme put s'établir dans ce pays. Selon la tradition tibétaine une première tentative faite en 137 avant notre ère n'aboutit qu'à la construction d'un monastère bientôt abandonné à cause de l'hostilité des indigènes. En 371 cinq missionnaires, dont les noms sont inconnus reparurent au Tibet et convertirent, dit-on, le roi Thothori-Nyan-Tsan[1], mais sans parvenir à imposer leur foi à la population. Enfin, au viie siècle, le roi Srong Tsan Gampo (617-698), inspiré, affirme la légende, par le Bodhisattva Avalokitéçvara, mais plus probablement cédant à l'influence de ses deux femmes, Dolkar et Doljang[2], ferventes bouddhistes, envoya dans l'Inde son premier ministre, Thoumi Sambhota, avec la mission de se renseigner sur le Bouddhisme, de rapporter ses livres sacrés et de ramener des prêtres pour les expliquer et les traduire en tibétain[3]. Sous les successeurs de ce prince le Bouddhisme semble avoir eu une destinée peu brillante, malgré l'intervention des prêtres chinois qui apportèrent au Tibet les doctrines de Nàgàrjouṇa et de l'école Yogàtchàrya[4], car nous voyons le roi Thi Srong ou Khi Srong de Tsan (740-786), appeler à sa cour

1. Ou *Nya Khri Tsanpo*, selon Sir Monier Williams, *Buddhism*, p. 269.

2. L'une était une princesse népàlaise et l'autre chinoise. Elles ont été déifiées en la personne d'une seule déesse appelée *Dolma* ou *Tàrà*.

3. A rapprocher de la légende de l'introduction du Bouddhisme en Chine sous le règne de l'empereur Ming-ti. La tradition tibétaine pourrait bien n'être qu'une reproduction de la légende chinoise; ou vice versa.

4. *Yogàcàrya*.

deux célèbres moines indous, Çànta Rakshita et Padma-Sambhava, pour affermir la foi, réformer les abus et redresser les fausses doctrines. Désormais le Bouddhisme est établi au Tibet, malgré une tentative de réaction essayée sous le règne de Lang-dharma (environ 900), les conflits pérpétuels qui s'élevaient entre les sectateurs des nombreuses écoles, le relâchement de la discipline et les abus de toutes sortes graduellement introduits par le clergé au plus grand détriment de la religion qui retombait peu à peu dans la superstition, la sorcellerie et la démonolàtrie. Cet état de choses persista, en s'aggravant sans doute, jusqu'à l'époque de la grande réforme opérée par Tsong-Khapa vers la fin du XIV° siècle.

Lo-bZang-gRags-pa, plus connu sous le nom de Tsong-Khapa [1], naquit, dit-on, dans la province d'Amdô (au nord du Tibet et proche de la frontière de Chine) en 1355 ou 1357 [2]. On ne sait rien de précis sur sa famille, ni sur ses premières années, non qu'il y ait pénurie de documents, mais bien plutôt à cause de la trop grande abondance des légendes merveilleuses ou puériles et souvent contradictoires relatives à ce grand homme que les Tibétains et les Mongols vénèrent à l'égal de Çàkya-Mouni lui-même et dont ils ont fait une *réincarnation* [3] ou une émanation incarnée de l'esprit du

1. C'est la forme chinoise de son nom. On lui donne aussi les titres honorifiques du *rJe-Rin-po-tche* et de *rJe-bLama*.

2. En 1378 seulement suivant Pander (*Das Pantheon des Tschangtscha Hutuktu*, p. 55) qui donne l'année 1441 comme date de sa mort.

3. *Avatâra* « descente ».

fondateur du Bouddhisme. Analyser ces légendes
serait une tâche longue, fastidieuse et, de plus, de
peu d'utilité ; mais il est un point sur lequel elles
sont presque toutes d'accord et que nous retenons
en cette considération, d'autant plus qu'il a donné
lieu à pas mal de spéculations hasardées de la part
de quelques auteurs européens. On dit que le jeune
Tsong-Khapa reçut son instruction première d'un
savant Lama « à long nez et aux yeux brillants »
qui s'était retiré dans les environs d'Amdô. Le
fait, en lui-même, n'aurait rien de particulièrement
extraordinaire et d'intéressant, si le père Huc [1]
n'avait conclu de ce signalement que le Lama en
question devait être un missionnaire catholique, et
tenté d'établir, en se basant sur cette supposition,
que les similitudes étranges constatées entre le
Bouddhisme et le Christianisme provenaient d'emprunts faits à cette dernière religion par Tsong-
Khapa pénétré des leçons de son premier maître.
C'est là, évidemment, une hypothèse à laquelle il
n'y a pas lieu de s'arrêter ; car, d'un côté le signalement du fameux Lama précepteur de Tsong-
Khapa peut tout aussi bien s'appliquer à un Indou
qu'à un Européen, et, de l'autre côté, nous savons
que les institutions visées par le père Huc, telles
que le cénobitisme, l'obligation de la chasteté, les
jeûnes, les abstinences, la confession, l'exorcisme
des démons, l'usage de l'eau bénite, etc., apparte-
naient déjà au Bouddhisme primitif et étaient pra-
tiquées longtemps avant qu'il fût même question

1. *Le Christianisme en Chine, en Tartarie et au Tibet*,
II, p. 10 et *Voyage dans la Tartarie et le Tibet*, II, p. 114.

du Christianisme [1]. Toutefois nous ne saurions en
dire autant de certaines institutions du système
dit *Lamaïsme*, qui semblent bien avoir été imitées
de la hiérarchie catholique romaine ; seulement
elles ne se sont établies que postérieurement à la
mort de Tsong-Khapa et rien ne prouve qu'il en ait
jamais eu la première idée.

Sorti de l'adolescence, Tsong-Khapa alla étudier
successivement dans les monastères renommés de
Sakya, de Brikhung et de Lhàssa. Alors frappé du
désaccord existant entre les observances de son
temps et les préceptes de la véritable Loi bouddhique, il entreprit de réformer tous les abus, préchant
le retour à la stricte observation des règles de discipline primitive, de la loi du célibat et de la chasteté, s'élevant contre le culte superstitieux rendu
aux dieux locaux ou çivaïtes et aux démons, contre
la pratique abusive des cérémonies magiques qu'il
n'osa ou ne pût cependant pas abolir entièrement.

Sa voix fut entendue. De nombreux disciples se
groupèrent autour de lui, qui adoptèrent le vêtement et le bonnet jaune pour se distinguer du reste
de la communauté tibétaine dont le vêtement et la
coiffure étaient rouges, et en 1409 il se trouvait en
état de fonder auprès de Lhàssa le fameux monastère de Galdan. Peu après l'affluence devint telle
qu'il dût construire deux nouveaux couvents à Bre-
poung et à Séra. Ces trois monastères renfermaient
30,000 moines au moment de la mort de Tsong-
Khapa. Celui de Galdan, dont il était supérieur, en
contenait plus de 8,000 pour sa part.

1. Voir pages 9 et 12.

La religion du Tibet, avant la venue de Tsong-Khapa, semble avoir été à peu près exactement celle du système Mahàyàna [1] telle qu'elle était instituée au Kachemir et au Népàl, avec ses Dhyâni-Bouddhas et Dhyâni-Bodhisattvas, ses mille Bouddhas des Kalpas écoulés, la foule de ses Bodhisattvas et de ses Arhats saints, ses dieux çivaïques et ses démons, auxquels se joignirent naturellement les divinités locales les plus importantes. Seulement le culte des démons avait pris une extension plus grande, de même aussi que les pratiques de sorcellerie, de magie et d'exorcisme, en raison des croyances shamaniques qui faisaient le fond de l'ancienne religion du pays.

De sa hiérarchie, nous savons seulement que le roi Thi Srong de Tsan avait divisé les moines en classes, probablement sur le modèle de ce qui était pratiqué dans l'Inde [2], et que chaque couvent avait son supérieur, sorte d'abbé absolument indépendant, mais qui n'exerçait d'autorité que sur son propre monastère.

Les moines s'étaient beaucoup relâchés des règles établies par Çàkya Mouni et ses successeurs. Ils n'observaient plus guère le célibat; beaucoup d'entre eux étaient mariés. Le vœu de pauvreté était tombé en désuétude par suite de la richesse scandaleuse des couvents. La méditation, cette pierre angulaire du Bouddhisme, n'était plus pratiquée; l'esprit mondain avait envahi les monastères; les cérémonies du culte elles-mêmes étaient deve-

1. Voir pages 188 à 191.
2. Voir page 131.

nues des occasions de lucre et de plaisir ; autour
des temples se dressaient des théâtres sur les tré-
teaux desquels les novices et même les moines ne
craignaient pas de se montrer dans les mystères et
drames religieux qui faisaient, pour le peuple,
l'attrait principal des grandes fêtes ; le clergé se
livrait à l'étude assidue de l'astrologie et de l'alchi-
mie, à la recherche de l'élixir de vie ou de la pierre
philosophale, et pour une rétribution plus ou moins
élevée pratiquait au profit des fidèles des cérémonies de sorcellerie ou de magie, exorcisait d'ima-
ginaires démons et prédisait l'avenir, distribuait
des charmes et des amulettes infaillibles dans
toutes les circonstances imaginables, entretenant
ainsi avec grand soin des superstitions dont il savait
vivre largement.

C'est contre ces abus qu'était dirigée la réforme
de Tsong-Khapa ; mais il n'eut pas le pouvoir de les
réprimer pour longtemps. Les choses se passent
exactement de même aujourd'hui qu'au XIV⁰ siècle,
et quelles que fussent les excellentes intentions du
réformateur, son œuvre n'a abouti qu'à une prodigieuse organisation de la hiérarchie sacerdotale.

Le Lamaïsme.

L'admiration et la grande vénération que le Tibet
avait eu pour Tsong-Khapa, si grande que l'on fut
persuadé que quelque être supérieur, Çàkya-Mouni,
Amitàbha, Manjouçrì, ou Vajra-pani s'était incarné
en lui, se reporta, après sa mort, sur son disciple
préféré et successeur aux fonctions de supérieur

du monastère de Galdan, Gedun-grub-pa, et le fit reconnaître pour chef par toute la communauté bouddhique de la contrée. C'est à lui, croit-on, ou tout au moins à son pontificat que l'on doit l'organisation du *Lamaïsme*, cette curieuse institution, qui établit la mainmise du sacerdoce sur le temporel.

A la tête de la hiérarchie lamaïque est le Dalaï-Lama, qui porte en tibétain le titre de rGya-mThso « océan de vertus ou de mérites ».

Un Dalaï-Lama n'est pas un homme comme les autres; il est une incarnation permanente du Dyâni-Bodhisattva Avalokitêçvara ou Tchen-rési, le protecteur spécial du Tibet; aussi est-il infaillible sur toutes les questions religieuses et temporelles. Ce dogme de l'*incarnation* est certainement une des conceptions les plus bizarres que l'on puisse imaginer; mais, il faut le reconnaître, merveilleusement inventé pour consacrer l'autorité sacerdotale sur un peuple superstitieux et ignorant. Grâce à lui, aussi, il ne peut y avoir de compétitions ni de luttes à propos de l'élection du chef suprême du Tibet. En effet, quand un Dalaï meurt, l'âme de Tchenrési qui l'animait se réincarne immédiatement dans le corps d'un nouvel élu, qu'elle désignera aux suffrages du collège chargé de l'élection par des miracles ou des signes corporels qui se manifestent au moment de la naissance du futur Bouddha vivant. Dès qu'il s'est ainsi révélé, le nouveau Dalaï est amené, avec sa famille, au palais de Potala, à Lhâssa, où il est élevé avec tous les soins dûs à son rang sous la surveillance d'un conseil de régence composé de hauts dignitaires, dont les fonctions sont assez semblables à celles de nos cardinaux, et qui resteront ses conseillers et ses assistants lorsqu'il sera parvenu à sa majorité.

Il paraît cependant que les signes révélateurs de l'incarnation de Tchenrési ne sont pas absolument infaillibles et qu'il peut se commettre des erreurs de personne, car, à la fin du xviie siècle deux Dalaï sont successivement élus et déposés, ainsi qu'en témoigne la liste tibétaine des saints personnages qui ont occupé le trône pontifical jusqu'à nos jours. Cette liste de treize noms commence avec Gedun-grub-pa, réfutant ainsi péremptoirement l'erreur assez répandue qui attribue à Tsong-Khapa le titre de premier Dalaï-Lama.

Les quatre premiers personnages de cette liste paraissent s'être renfermés dans les fonctions de chef religieux et avoir vécu en assez bonne intelligence avec les souverains du Tibet, qui résidaient alors à Digarchi. Mais le cinquième, Nga-vang Lo-bZang, probablement plus ambitieux, ne craignit pas de prendre les armes contre le roi et appela à son aide les Mongols. Le roi vaincu fut déposé et le Dalaï-Lama s'empara du pouvoir temporel, confiant à ses moines toute l'administration du pays, politique néfaste qui eut pour résultat de transformer le Tibet en un vaste couvent. Ce fut ce même Dalaï qui construisit le merveilleux palais de Potala et transféra à Lhàssa la résidence de la cour pontificale.

Au dessous des Dalaï, mais à peine moins puissants, car ils possèdent près de la moitié du territoire et ne relèvent qu'au spirituel de la cour de Lhàssa, sont les Panchen-Rin-po-tche, ou Grands-

Lamas de Tashi-Lhounpo, qui leur disputèrent longtemps le pouvoir suprème, bien que leur dynastie (si l'on peut employer ce nom) soit d'origine plus récente. Les Panchen-Rin-po-tche sont aussi des incarnations divines permanentes et par conséquent se recrutent de la même façon que les Dalaï-Lamas. Ils prétendent que c'est l'esprit d'Amitâbha qui vit en eux. Toutefois, comme il paraîtrait inconvenant que la puissance du Bouddha Amithâbha, père du Bodhisattva Tchenrési, fut inférieure à celle de son fils, beaucoup de bouddhistes contestent aux Pan-chen-Rin-po-tche leurs prétentions à une si haute origine, et affirment que ce sont seulement des incarnations perpétuelles de Tsong-Khapa ou du Bodhisattva Manjouçrî. Le Pan-chen-Rin-po-tche préside de droit le collège sacré chargé de procéder à la recherche du successeur du Dalaï-Lama défunt.

Nous avons parlé, tout à l'heure, de ces hauts dignitaires conseillers du Dalaï et du Pan-chen, sorte de cardinaux, qui cumulent les fonctions sacerdotales et politiques, et remplissent selon les circonstances les fonctions des préfets, de supérieurs des grands monastères et d'archevêques. On les appelle *Khampos*. Il y a plusieurs rangs parmi eux et les plus importants, tels que les supérieurs des monastères de Galdan et de Kouren, le Grand Lama de Pékin, ceux du Bhoutan et de Sikhim, ainsi que les hauts fonctionnaires de la cour de Lhàssa passent, eux-aussi, pour des incarnations de Bodhisattvas ou de Saints Arhats ; mais ce ne sont pas des incarnations perpétuelles, on les tient pour représentants des saints dont ils rappel-

lent le plus le caractère ou les vertus. Les Khampos sont nommés par la cour de Lhàssa.

Immédiatement après eux viennent dans l'ordre hiérarchique les *Lamas* (en tibétain bLa-ma)
« instituteurs, maîtres » [1] prêtres de rang élevé et
la plupart du temps supérieurs de monastères de
peu d'importance. Ils sont nommés à l'élection par
les autres moines, mais doivent être confirmés
dans leurs titres et fonctions par le Dalaï-Lama.

Puis viennent, en ordre décroissant, les *Ge-longs*
ou prêtres ordonnés, les *Gétsouls* ou moines de
récente promotion qui correspondent aux Çramaṇas
de l'Inde, et enfin les *Gényens* ou novices. Les
religieuses portent le nom de *Gelong-ma*.

Ainsi qu'on vient de le voir, le titre de Lama ne
doit appartenir qu'à des prêtres de rang supérieur,
à des chefs de monastères ou d'écoles ; cependant
aujourd'hui on l'applique indistinctement, par déférence et politesse, à tous les membres du clergé
quelque soit leur rang, ainsi qu'en Europe le titre
d'abbé.

Tel est, dans son ensemble, cette institution du
Lamaïsme qui a fait du Tibet, en quelques siècles,
le pays le plus misérable de l'univers, triste exemple de ce que peut et doit produire la domination
sacerdotale. Mais ce n'est pas seulement sur le
peuple que s'est exercée son action néfaste ; pour
les besoins de sa cause, le développement de sa
puissance et la satisfaction de son orgueil, elle n'a
pas reculé devant ce qui devait lui paraître le plus
grand des crimes, falsifier et dénaturer la religion

---

1. Équivalent du sanskrit *guru*.

dont elle était issue, et de même que le Bouddha,
l'homme exalté et divinisé par la science et la
vertu, avait détrôné les anciens dieux, substituer
le prêtre au Bouddha comme objet principal du
culte des fidèles [1], grâce à ce raisonnement d'une
merveilleuse ingéniosité : Un Bouddha mort et
entré dans le Nirvâna ne pouvant plus revenir sur
la terre, n'exerçant plus aucune action sur l'univers, ne peut être d'aucun secours au fidèle ni pour
son salut, ni dans les dangers et les difficultés de
son existence; il est donc absolument inutile de lui
adresser des invocations; quelques actes de res-
pectueuse vénération suffisent amplement pour
s'acquitter de la reconnaissance qu'on lui doit de ses
enseignements et de ses efforts pour assurer le salut de l'humanité. Le culte proprement dit doit être
réservé à la classe des Êtres supérieurs (Dhyâni-
Bouddhas, Dhyâni-Bodhisattvas et dieux) qui sont
particulièrement chargés de veiller au bon fonc-
tionnement du monde et par conséquent au salut de
ses habitants, et avant tout aux hommes dévoués,
inspirés de l'esprit même du Bouddha, qui consa-
crent leur existence à guider dans le chemin du
salut les multitudes ignorantes, c'est-à-dire au
clergé. Il résulte de cette habile conception —
exemple inouï de l'extravagance prodigieuse à
laquelle peuvent atteindre l'orgueil, l'ambition et
la suffisance du sacerdoce — que les Bouddhas, en
réalité les véritables dieux du Bouddhisme, ne tien-

---

1. Eug. Pander : *Das Pantheon des Tschangtscha Utuktu*,
Berlin 1890. — Un exemplaire de l'original tibétain de cet
ouvrage se trouve au Musée Guimet.

nent plus que le troisième rang dans les huit catégories des Êtres supérieurs auxquels doit s'adresser le culte de l'humanité.

En première ligne sont les *Lamas*, c'est-à-dire les prêtres de tout rang, depuis le simple moine jusqu'au Dalaï-Lama et au Panchen-Rin-po-tche, qui vivent ou ont vécu sur la terre depuis l'apparition du Bouddha (les prêtres contemporains de quelque renom sont considérés comme des réincarnations des anciens Saints), à la tête desquels on a bien voulu cependant laisser Çàkya-Mouni sous le prétexte que son Nirvàna ne sera complet [1] qu'après la venue dans le monde de son successeur désigné, le futur Bouddha Maïtréya, et que, par conséquent, il conserve le pouvoir d'inspirer les Saints, ou même de se réincarner en quelqu'un d'entre eux si l'intérêt de la religion le réclame.

Ensuite viennent les *Yi-dams* « sauveurs ou protecteurs » comprenant les cinq Dhyàni-Bouddhas, leurs Dhyàni-Bodhisattvas, et un certain nombre de divinités indiennes, d'origine çivaïque pour la plupart, réunissant par conséquent, dans les images qui en sont faites, les attributs et les caractères des dieux générateurs et destructeurs [2]. Les Yi-dams sont presque toujours accompagnés d'une déesse, ou *Çakti*, personnifiant leur énergie active de création et de destruction, appelée *Yum*, *mKa-sGro-ma*, ou *Dâkinî* [3], d'où leur vient le nom populaire de *Yab-Yum-chud-pa* « Le père qui embrasse la mère ».

---

1. *Parinirvâna.*
2. Symboles de la nature. Çiva détruit pour créer de nouveau.
3. En sanskrit *Târâ*.

Au troisième rang, ainsi que nous venons de le dire, nous trouvons les *Tathâgatas* ou Bouddhas (en tibétain *Sangs-rGyas*) divisés en trois catégories : les Bouddhas des Kalpas écoulés, au nombre de mille, — les trente-cinq Bouddhas de Confession, parmi lesquels figure de nouveau Çàkya-Mouni, — et les cinq Bouddhas de Médecine, invoqués spécialement, comme leur nom l'indique, en qualité de guérisseurs des maux du corps.

Les autres groupes divins comprennent : 4° Les *Bodhisattvas* (en tibétain *Byang-Chub-sems-pa*); 5° les *Dâkinis* ou *mKa-sGro-ma*, déesses d'origine çivaïque, *Çaktis* ou épouses des Yi-dams et des Dragsheds; 6° les *Dragsheds* ou *Tchos-skyong*,[1] divinités bouddhistes et çivaïtes qui ont pour principale fonction de faire la guerre aux démons; 7° les *Yul-lhas*, dieux et génies de l'atmosphère, de la terre, des mers, des points cardinaux, etc.; 8° les *Sa-bDags*, divinités locales des montagnes, des rivières, des arbres, du foyer domestique, etc.

Cette conception nouvelle, si étrange au point de vue bouddhique, est d'ailleurs la seule modification que nous ayons à signaler de l'ancienne religion antérieure à la réforme de Tsong-Khapa ; tous les abus, toutes les licences, toutes les superstitions qu'il se proposait de détruire existent encore de nos jours, sauf peut-être la tolérance du mariage des prêtres ; plus même que jamais on exorcise, on fait des évocations d'esprits, on prédit l'avenir, on tire des horoscopes, on vend à beaux deniers des amulettes et des charmes pour la plus grande

---

1. En sanskrit : *Dharma-pâla.*

gloire du Bouddha et le profit de ses représentants
sur la terre qui ont si bien crû et prospéré que
dans certaines localités du Tibet leur nombre atteint
le septième de la population laïque [1].

Outre Çàkya-Mouni (Shakya-thub-pa), et Maïtréya
(Byams-pa), les divinités bouddhistes les plus en
faveur au Tibet sont : Dorje-Sempa ou Vajra-Sattva,
président des cinq Dhyàni-Bouddhas, Od-pag-med
ou Amitàbha souverain du paradis de Dévachan et
surtout le Boddhisattva Tchenrési ou Pradmapàni
(Avalokitèçvara) tenu pour le protecteur attitré
du Tibet et le dieu sauveur par excellence. Parmi
les innombrables divinités secondaires on peut citer
comme les plus importantes : Jigs-Byed ou Çiva-
mahàkàla, destructeur et générateur, Tchakdor
(Vishnou) le destructeur des démons, Tsangs-pa
(Brahmà) protecteur de la religion, Zambhala (Ku-
vera) dieu de la richesse, Melhaï-Gyal-po (Agni)
dieu du feu, et les déesses protectrices du bouddhisme Lha-mo ou Tàrà et Dolma.

Le Bouddhisme en Chine.

Les premiers missionnaires bouddhistes parurent
en Chine dès l'an 225 avant notre ère [2], c'est-à-dire
du vivant même d'Açoka, si nous en croyons les

1. E. de Schlagintweït : *Le Bouddhisme au Tibet* ; Ann. du
M. G. III, p. 101.

2. Voir page 11. — Il est bien évident que cette date ne peut
être qu'approximative. Terrien de Lacouperie donne 219 dans
son opuscule : « *Hao, in 219 B. C., Buddhism entered China.*
(Babylonian and Oriental Record, 1891, p. 97).

Annales chinoises et les légendes bouddhiques de
ce pays. Ce fait peut sembler surprenant à première vue en raison de la distance, considérable
pour cette époque, qui sépare l'Inde de la Chine;
mais, si l'on songe à la grande extension qu'avait
déjà prise la puissance chinoise qui, par ses tribu-
taires, touchait presque aux frontières de la péninsule indienne, et à l'importance de son commerce
d'importation et d'exportation, il paraît tout naturel
que la conquête spirituelle de ce vaste empire, sur
lequel couraient tant de légendes merveilleuses,
tentât le zèle propagandiste des disciples du Bouddha et d'Açoka lui-même. Cette tentative, probablement prématurée et faite avec des ressources
insuffisantes, échoua complètement. Les missionnaires et leurs convertis, en butte à la jalousie et à
la haine des Taôistes, alors dans toute leur puissance, dénoncés au gouvernement comme profes-
sant une doctrine dangereuse pour la sécurité de
l'État, persécutés, traqués, massacrés durent se
résigner à quitter la Chine et à peine s'il resta épar-
ses et cachées dans les campagnes quelques petites communautés, sans lien commun et sans
influence [1].

Il est à supposer que cet échec ne découragea
pas les apôtres du Bouddhisme et que de nouveaux
essais de missions furent tentés à plusieurs reprises.
En tout cas, vers l'an 75 avant notre ère, dix-huit

---

1. C'est du moins ce que racontent les bouddhistes, mais le
fait est douteux, car les missionnaires indous ne devaient pas
avoir eu le temps de faire beaucoup de prosélytes, surtout
dans les campagnes.

moines indous guidés par le patriarche Dharma-ràja réussirent enfin à s'établir dans l'Empire du Milieu et à obtenir pour leurs doctrines la tolérance du gouvernement ; toutefois leurs progrès furent lents et peu sensibles, à en juger par le profond silence gardé sur les résultats de leur propagande.

Ce n'est qu'en 61 de l'ère chrétienne, sous le règne de l'empereur Ming-ti, que le Bouddhisme fut officiellement introduit et reconnu en Chine, à la suite d'un événement miraculeux que les Bouddhistes attribuent naturellement à l'intervention du Bouddha. Une nuit l'empereur vit en songe un personnage de taille surhumaine, au teint d'or, éclatant de lumière, qui lui commanda d'envoyer en Occident chercher sa Loi et de l'établir dans ses États, lui promettant en retour d'assurer à jamais la prospérité et la grandeur de l'empire. Au réveil, le souverain vivement impressionné par ce songe s'empressa de demander l'avis de ses courtisans. Un des frères de l'empereur professait secrètement, dit-on, le Bouddhisme ; il sut profiter habilement de l'incident et fit décider l'envoi dans l'Inde d'une ambassade chargée de rapporter les livres sacrés et les images du Bouddha. Au retour de cette ambassade, en 75, le Bouddhisme fut solennellement reconnu comme l'une des trois religions de l'État, et l'empereur voulut que l'on travaillât immédiatement à la traduction de ses Écritures en langue chinoise.

A la suite de cet événement il se produisit un mouvement considérable d'effervescence bouddhique qui se prolongea pendant plusieurs siècles. Plusieurs pèlerins entreprirent le voyage de l'Inde pour visiter les lieux saints de leur religion et rapporter de nouveaux livres; parmi eux les plus célèbres sont Fa-hian (en 399) qui rapporta le texte complet du Vinaya, Sung-Yun (en 518) et surtout Hiouen-Thsang (629-688) qui revint en Chine porteur de sept cents ouvrages bouddhiques, dont il traduisit lui-même, dit-on, plus de six cent cinquante. C'est le beau moment de la ferveur bouddhique; avec l'aide de prêtres venus de l'Inde on travaille avec ardeur à la traduction et aux commentaires des livres sacrés; c'est l'époque des grands patriarches de l'église chinoise successeurs du célèbre thaumaturge Bodhidharma ou Thamô [1], et des illustres fondateurs des dix-huit sectes ou écoles du Bouddhisme chinois. Ce zèle se soutint jusqu'au XIII° siècle environ. A partir de cette époque le clergé chinois se laisse aller à la mollesse, perd toute son ardeur et tombe dans la superstition et l'ignorance la plus honteuse.

A la fin du XV° siècle, le Bouddhisme reprend quelque éclat au moment de l'arrivée des Lamas tibétains qui s'installent magnifiquement à Pékin même, grâce à la libéralité des empereurs, avec un Grand Lama presque égal en importance au Dalaï et au Panchen-Rin-po-tche.

---

1. Il était prétend-on, le 28° patriarche successeur direct de Çâkya-Mouni, et vint en Chine en 526. Son nom chinois *Thamô* (traduction phonétique de Dharma) l'a fait prendre un certain temps pour saint Thomas. On n'est pas d'accord sur l'identité de ce personnage; selon les uns, le véritable Bodhidharma Thamô, serait venu en Chine avec l'ambassade de Ming-ti, suivant d'autres il aurait été le chef de la petite colonne de dix-huit missionnaires arrivés en 65 av. J. C.

Le Bouddhisme chinois appartient, comme nous l'avons déjà dit [1], â l'école Mahàyàṇa ou École du Nord ; mais, ici comme au Tibet, il s'est complètement dénaturé en adoptant les divinités nationales et locales, avec toutes les superstitions qui accompagnaient leur culte, et aujourd'hui la différence n'est pas appréciable entre le prêtre du Bouddha et celui du Taò. Ils se livrent aux mêmes pratiques de sorcellerie et divination, voire même, prétend-on, à des métiers peu avouables, tels que celui d'entremetteurs [2] ; à part les Lamas tibétains et mongols, chez qui la science est restée en honneur, la plupart des prêtres bouddhistes chinois, ou *Ho-shangs*, sont d'une ignorance crasse, même au point de vue de la connaissance des dogmes de leur religion, et d'une malpropreté proverbiale même parmi les Chinois qui pourtant, on le sait, ne sont pas gens difficiles sous ce rapport ; aussi sont-ils en général profondément méprisés par la population. En dehors de leur service quotidien de prières, de récitation de litanies et de psalmodie des livres sacrés, ils officient à prix d'argent pour les funérailles et pratiquent sur la demande des familles des cérémonies spéciales pour le salut de l'âme des défunts ; ils n'ont guère d'autre rôle dans la vie sociale.

On retrouve évidemment en Chine sous des noms qui ne sont que des traductions ou des transcriptions phonétiques du sanskrit, tous les Bouddhas,

1. Voir page 188.
2. Ce sont, parait-il, les religieuses surtout qui se livrent à cette fructueuse profession.

Bodhisattvas et dieux du panthéon bouddhique Mahâyâna. Mais dans le nombre il en est qui jouissent d'une popularité toute particulière, à tel point même qu'ils sont entrés bon gré, mal gré, dans le cénacle des divinités taôistes populaires ; tels sont: YAMA, le dieu et juge des morts, MANJOUÇRI (en chinois *Ouen-chou*) personnification de la science, et surtout le Bodhisattva AVALOKITEÇVARA qui sous une forme féminine et sous le nom de KOUAN-YIN est devenu la déesse de la charité, de la grâce divine, de la compassion, du pardon, la protectrice des femmes et des enfants et par dessus tout du foyer domestique où elle préside entre le dieu de la richesse et celui de la cuisine. Parmi les Bouddhas, les préférés sont : AMITABHA (O-mi-tò-fòh), MAITRÉYA (Mi-lò-poo-sa), et naturellement ÇAKYA-MOUNI sous le nom de *Shaka*.

C'est cette religion étrangement mélangée de Taôisme et de Confucianisme que les Chinois ont répandue en Cochinchine, en Annam et au Tonquin, où l'on voit dans les temples les saints bouddhistes fraterniser avec Confucius, les grands philosophes de son école, gloires de la Chine, les Chèns ou saints taôistes, et les génies indigènes.

Il est assez difficile de déterminer, même approximativement, le nombre des Bouddhistes chinois. Certains auteurs le chiffrent à 300 millions ; d'autres le rabaissent à 40 et même 20 millions. Ces dernières appréciations doivent certainement être au dessous de la vérité. En réalité on peut dire que tous les Chinois sont plus ou moins bouddhistes, car tous s'adressent aux prêtres de cette religion dans certaines circonstances de leur existence, pour les funérailles notamment, et tous subviennent par leurs aumônes aux frais du culte bouddhique, comme de celui du Taô et à l'entretien des temples confucianistes. Toutefois, les Mongols et les Mandchoux et en général tout le nord de la Chine sont en grande majorité bouddhistes.

Le Bouddhisme au Japon.

Au Japon, le Bouddhisme ne pénétra qu'à une époque assez tardive. Suivant les traditions de ce pays, il aurait été apporté par les Coréens à la suite de la conquête de la Corée par la célèbre impératrice Zin-gou Kô-gô, la Sémiramis du Japon, ou bien il serait venu de la Chine au vi° siècle introduit par une ambassade chinoise. Ses débuts paraissent avoir été très difficiles, malgré le soin qu'il prit de faire immédiatement place dans son Panthéon aux *Kamis* ou dieux nationaux, et ce n'est guère qu'au ix° siècle qu'il s'établit solidement et définitivement comme religion reconnue. Il joua un rôle important dans les années troublées du commencement de la féodalité. Alors les Shôgouns (maires du palais) font et défont les empereurs au gré de leur intérêt ou de leur caprice, et pour se débarrasser du souverain qui a cessé de plaire ou qui devient gênant, l'enferment dans un couvent après lui avoir fait raser la tête; les moines, eux aussi, se jettent dans la politique, prennent quelquefois les armes

pour la cause de leur empereur moine, assiègent
les villes du Shôgoun ou sont assiégés dans leurs
monastères, et c'est avec leur appui qu'à la fin du
XIIIe siècle un empereur exilé, Go-daï-gô-ten-nô, parvient à remonter un instant sur son trône. Puis,
plus tard, quand l'ordre est rétabli les grands Shôgouns du XVIe siècle, Taï-Kô, Yéyas et leurs successeurs, pour faire contrepoids et opposition à l'empereur, chef de la religion nationale ou Shin-tô,
s'appuyent sur le Bouddhisme, lui prodiguent leurs
faveurs et enjoignent même à tous les *Daïmiôs* [1]
relevant de leur pouvoir de faire acte d'adhésion à
l'une des nombreuses sectes bouddhiques. A partir
de ce moment la fortune du Bouddhisme est à son
apogée.

Venu de la Chine ou de la Corée, ce qui est exactement la même chose, le Bouddhisme Japonais doit
naturellement avoir la plus grande ressemblance
avec le Bouddhisme chinois, sauf, bien entendu, les
légères différences de détails provenant du caractère national. Il s'en distingue cependant par l'importance qu'il a donnée au culte du Dhyâni-Bouddha
Amitâbha ou Amida, et aussi, il faut le constater à
sa louange, par sa résistance à l'envahissement des

---

1. Littéralement « *Grand Nom* ». Les Daïmiôs sont des sei-
gneurs féodaux tenant du Shôgoun le gouvernement d'une
province ou d'un district. Ces charges étaient habituellement
héréditaires, cependant il y a dans l'histoire du Japon, depuis
le XVIe siècle, de fréquents exemples de permutations par
ordre, soit comme récompense, soit comme disgrâce. Chaque Daïmiô était tenu d'équiper et d'entretenir un certain
nombre d'hommes d'armes, *Samouraïs*, toujours prêts à toute
réquisition du Shôgoun.

superstitions, des pratiques magiques et de la sorcellerie. Ces pratiques qui déshonorent le Bouddhisme Chinois sont fort rares au Japon. De même aussi son clergé fait un heureux contraste avec celui de la Chine par son activité et son ardeur à s'instruire, à commenter et approfondir les textes de la Loi ; on pourrait même lui reprocher peut-être de se laisser trop volontiers entraîner par cette ardeur jusqu'à l'argutie. Ici, comme en Chine, fleurissent un grand nombre de sectes. Sauf la secte *Riô-bou,* sorte de religion mixte de Bouddhisme et de Shintô, elles sont toutes filles des dix-huit sectes chinoises ; seulement elles se sont beaucoup multipliées en raison précisément de la tendance à la controverse et à la spéculation métaphysique de l'esprit japonais. On en comptait soixante-douze il y a quelques années, séparées par des divergences d'opinions si insignifiantes que le gouvernement prit le parti de les unifier d'autorité, n'en conservant que douze principales qui pourraient encore fort bien se réduire à six.

Les sectes les plus importantes sont :

La secte Zén-Siou, qui a gardé le plus d'affinités avec le Bouddhisme chinois. Son culte s'adresse de préférence au Bouddha Çàkya-Mouni et au Bodhisattva Kouan-on [1], dieu de la charité et de la grâce, qu'elle représente habituellement sous une forme féminine.

La secte *Sin-gon* fondée au IXᵉ siècle par le prêtre Koô-boô dai-Shi (mort en 835). Elle adore les

---

1. Identique à l'Avalokitêçvara indou et à la déesse Kouan-yin des chinois.

mille soixante et un Bouddhas des trois mondes, et plus particulièrement Adi-Bouddha sous le nom de *Daï-Nitchi niòraï*, *Roshana* (Vairocana), *Mirokou* (Maïtreya) le Bouddha futur, le Bodhisattva *Kouan-on*, et le dieu *Foudò-mio-ò* qui paraît être une reproduction du dieu védique Varouṇa. Cette secte est imprégnée de mysticisme, pratique les Mantras[1] et les Moudras[2] et attribue une valeur mystique et magique à chacune des lettres de l'alphabet sanskrit.

La secte *Tén-daï* qui accorde sa préférence au Bodhisattva *Kouan-on* sous les trois cent trente-trois formes qu'il a revêtues pour sauver le monde, et à *Béntén*, déesse de la mer, de la science et de la parole, la *Sarasvati* brâhmanique.

La secte *Hokké-siou*, fondée par le prêtre *Nitchiren*, qui prend pour objet principal de son culte la Trinité bouddhique ou *Sambò* (Tri-ratna, les trois trésors), Bouddha, Dharma, Saṅgha.

La secte *Giò-dò*, qui, elle, adore presque exclusivement *Amida* en qualité de maître du paradis de Soukhâvati et affirme que l'invocation fervente de son nom suffit à assurer le salut du fidèle. A ses côtés, comme ses coadjuteurs, elle place le Bodhisattva *Kouan-on* et son doublet *Sei-ssi* qui paraît être une personnification de la piété ou de la prière, et le Bodhisattva *Jisò*, le prêtre charitable qui a vécu six fois déjà dans divers mondes et s'est dévoué à la tâche de tirer de l'enfer les âmes des

---

1. Ou *Dhârani*, formule d'invocation impérative.

2. Signes cabalistiques des doigts qui équivalent à la récitation d'un Mantra.

petits enfants condamnés pour des péchés antérieurs qu'ils n'ont pas eu le temps d'expier. On l'invoque également en faveur de tous les morts.

Enfin la plus récente de toutes, la secte *Sïn-siou*, fondée au XVI° siècle par le prêtre Shïn-ran, dont le culte s'adresse exclusivement à *Amida*, qu'elle tient pour le Bouddha éternel, omnipotent, omni-présent, omni-scient, de qui *Kouan-on* et *Çakya-Mouni* sont des émanations incarnées pour le salut du monde. Elle a reduit ses préceptes à ces trois formules : adorer Amida, faire le bien, obéir aux lois. Elle a aboli le célibat des prêtres, les jeûnes rigoureux, l'abstinence de viande et de liqueurs fermentées, déclarant ces observances inutiles et estimant qu'il suffit à l'homme pour parvenir au salut de se bien conduire, de pratiquer la charité et d'invoquer le plus souvent possible le nom sacré d'Amida.

Les cérémonies du culte sont au Japon plus somptueuses et plus brillantes que partout ailleurs, tant à cause de la pompe qu'on leur donne que du cadre féerique où elles s'accomplissent. Les temples, merveilles de richesse et de goût, où se déploient toutes les ressources et toutes les fantaisies de l'art si fin et si délicat du Japon, sous les mille formes de l'architecture, de la sculpture et de la peinture, sont situés au milieu de vastes et riants jardins, dans les sites les plus agréables ou les plus grandioses qu'on ait pu trouver. Autour du sanctuaire se cachent dans les arbres quantité de petites chapelles, laquées et dorées comme des bibelots d'étagère, et les habitations des moines. Tout semble calculé pour rendre la religion aimable et séduire l'esprit par le plaisir des yeux.

Chaque temple possède un supérieur, communément qualifié *Grand-prêtre*, un chapitre de moines de haut rang en nombre proportionné aux revenus du sanctuaire, des moines ordinaires, des novices et souvent une école. Les petits temples ruraux ou les chapelles, n'ont le plus souvent que deux ou trois desservants. Les supérieurs relèvent du grand-prêtre du temple le plus important de leur secte qui exerce sur eux une autorité similaire à celle de nos évêques. C'est au personnel des temples que s'adresse la population du voisinage pour les cérémonies de tous genres, baptêmes, prières des morts, funérailles, fêtes en l'honneur des défunts, car il est très rare que des prêtres vivent au milieu des laïques, sauf quelquefois dans des villages très éloignés de tout centre religieux. Tout le clergé est entretenu par les dons volontaires des fidèles et quelquefois par les largesses du gouvernement.

Le Bouddhisme est aujourd'hui la religion dominante du Japon ; il compte plus de 20 millions de fidèles, contre seulement 13 millions de Shintoistes, sur une population de 33 à 34 millions d'habitants.

Considérations générales. Qualités et défauts du Bouddhisme.

Telles sont, rapidement esquissées, les principales modifications que le Bouddhisme a subies dans sa longue carrière, tant par la force même des choses, par le développement normal de ses institutions et par l'inéluctable loi qui oblige toutes les religions à s'abaisser au niveau intellectuel de la foule de leurs fidèles, que par l'action exercée sur lui dans les diverses contrées où il a pénétré par le caractère propre des peuples qu'il a convertis, et par les emprunts qu'il a fait partout à leurs croyances afin de se les attacher plus facilement et plus solidement.

En lui, comme dans tout en ce monde, il y a incontestablement bien des faiblesses et des contradictions; ses saints mendiants qui faisaient profession de renoncement au monde, ont fini par chercher eux aussi les satisfactions de la fortune et de la puissance et prétendant agir pour la plus grande gloire du Bouddha et de son église, pour le plus grand bien et le salut des peuples, ont voulu toutes les fois que l'occasion s'en est présentée commander et dominer en vertu du droit supérieur des représentants de la loi divine imprescriptible. Mais qu'elle est la religion qui ne mérite plus ou moins le même reproche? Par contre le juge impartial ne saurait se refuser à lui reconnaître de grandes et belles qualités, d'autant plus admirables qu'elles se sont révélées dans un temps de barbarie universelle, à l'époque où la civilisation dont nous sommes si fiers commençait à peine à éclore, à bégayer avec Solon ses premiers principes et qu'il a fallu plus de six cents ans à l'Europe pour entrevoir et adopter quelques unes des vérités qu'il avait proclamées.

Si le Bouddhisme n'a pas toute l'originalité que

l'on s'était plu un moment à lui attribuer, s'il a puisé la plupart de ses idées et de ses doctrines dans les dogmes et les idées de l'Inde brâhmanique, nous ne devons pas oublier qu'il les a merveilleusement transformées dans le sens humain. Ce sera son éternelle gloire d'avoir proclamé ce dogme de la nécessité de la charité, non pas seulement de l'aumône, mais de l'amour du prochain dans sa plus large acception, celui de la fraternité de toutes les créatures, de l'égalité de tous les hommes, d'avoir élevé la morale à un degré inconnu jusque là en faisant consister le péché dans le mal lui même et non dans une transgression de la volonté ou des ordres d'un dieu, et enfin d'avoir établi le principe absolu de la responsabilité personnelle des actes, du libre arbitre, de la liberté de conscience et de la tolérance la plus large.

Par contre on peut à juste titre lui reprocher le vague et l'indécision de ses enseignements sur la nature de l'âme et sur le Nirvâṇa, l'exagération et l'absurdité de sa doctrine du *Vide* et du *Non-moi,* qui, si elle n'a pas été enseignée positivement par le Bouddha, n'en découle pas moins de sa théorie de l'inanité du monde, et par dessus tout son pessimisme décourageant, véritable danger pour la société s'il avait été jamais pris au sérieux par d'autres que quelques rêveurs, quelques désabusés ou vaincus de l'existence. Rien ne saurait être pire pour une nation que de se désintéresser de toute joie et de tout souci terrestre sous le prétexte de réserver tous ses efforts et ses soins à s'assurer la vie de l'autre monde. Une religion qui émet de pareils principes est coupable du plus grand des crimes celui de lèse humanité, et sans doute cette tendance néfaste est et sera toujours l'obstacle le plus insurmontable pour le développement et les progrès du Bouddhisme.

TABLE DES MATIÈRES

CHAPITRE V. — *Morale Bouddhique. — La Charité. — Le Nirvâṇa.*

CHAPITRE VI. — *Institutions bouddhiques.*

CHAPITRE VII. — *Conciles. — Littérature sacrée. — Mission de propagande. — Schismes. — Écoles. Sectes.*

Le Puy, imprimerie Marchessou fils.

www.ingramcontent.com/pod-product-compliance
Lightning Source LLC
Chambersburg PA
CBHW051552030726
47592CB00001B/249